잦은 건조경보에도

딥/촉/피/부

삐뽀삐뽀~ 피부건조경보!!
#클라우드9 **딥/촉/밤**으로 해제하세요

*극한 건조 상황에서의 12시간 피부 보습 지속력 임상 완료

집중보습   영양보습   피부 장벽 보호   8가지 유해성분 FREE

Cloud⁹

All Alive Deep Moisture Balm

Hydration & Ultra Moisture

For All Skin Types
POIDS NET WT. 4.23 oz. / 120 g

클라우드9 올 얼라이브 **딥 모이스쳐 밤** NEW

남들과 똑같은 봄은 싫어
독특하고 신나게 즐겨보는 거야!

시트로엥 C4 칵투스

AIR BUMP®
TOP BOX
SOFA-STYLE SEAT
복합연비17.5km/ℓ

HOLIDAY

작년 트렌드를 분석하는 리포트에는 '욜로YOLO'가 당당히 자리잡았다. '인생은 한 번 뿐이다'를 뜻하는 욜로는 자신의 행복을 중시하는 소비의 성향을 두고 하는 말이다. 매일 일만 하던 부모 세대와 달리 우리는 주 5일 근무로 업무시간은 줄어들고 여가시간이 늘어났다. 덩달아 혼자만의 시간, 친구나 애인을 만나거나 가족과 보내는 시간도 많아졌다. '성수기'라는 말이 무색할 만큼 365일 인천공항은 붐비고, 저가항공으로 도시마다 이동도 편해졌다. 이처럼 멀리 떠나기도 하고, 집에서 하루 종일 영화를 보고 미뤄둔 책을 읽기도 한다. 그런데 이상하게도 우리는 충분히 여유를 부릴 상황이 주어졌는데도 여전히 시간이 없다. 특히 도시에 사는 사람들은 여유가 없다는 말을 자주 한다. 왜 그럴까? 갑자기 많아진 선택지 덕분에 다시 또 여유가 없어진 건 아닐까. 넘치는 정보의 홍수에 지쳐 아무것도 하지 않기로 했던 지난 황금연휴가 생각난다. 예전에는 게으른 사람이 여유를 부린다고 생각했다. 시간관리를 효과적으로 하는 사람이 제대로 쉴(놀) 수 있다는 건 몇 해 전에 알게 된 사실이다. 흘러가는 대로 끌려 다니지 않으며 나만의 시간을 갖는 여유는 어디서 나오는 걸까. 여전히 남은 숙제다. 먼저 이번 주 휴일을 어떻게 보낼 지부터 생각해볼 일이다.

편집장 **김이경**

영상 이와lwa　모델 송희준　에디터 김혜원　의상 아밤Avam　장소 협조 영창뮤직 팩토리스토어

오늘의 이상은

뮤지션 이상은

보헤미안, '삶은 여행', 언제든 어디로든 떠나는 사람. 음악의 방향도, 삶의 방향도 스스로 결정하는 사람. 뮤지션 이상은을 만난다고 하니 친구들이 외쳤다. "'담다디' 이상은?" 그리고 '공무도하가'부터 '비밀의 화원', '언젠가는'까지, 모두 각자의 이상은을 꺼냈다. 데뷔 30주년, 1988년 처음 무대에 올라 열다섯 장의 음반을 낸 뮤지션은 자신의 노래 수만큼 다양한 얼굴로 기억된다는 걸 그때 알았다. 그러나 내가 만난 건 그저 2018년, 오늘의 이상은이다.

에디터 **김혜원** 포토그래퍼 **Hae Ran**

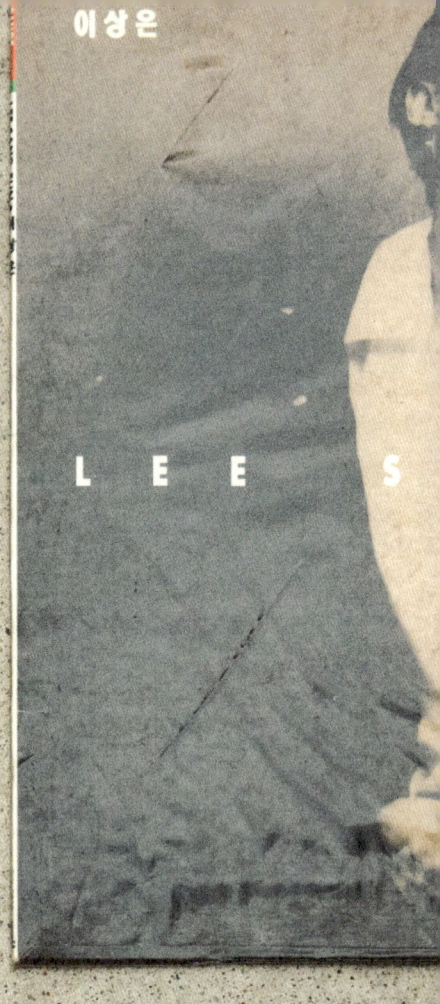

프롤로그 1'04″ -Prologue (이상은/안진우) 금붕어, 노을, 소금쟁이, 선생님, 갈상, 굇봉, 분비, 할머니에 산자리, 새바라기 첫사람 방귀, 스케이트, 그것이 내가 품고있는 것들을 결코 잊을 수 없는 것들 **언젠가는 4'10″ -Someday** (이상은/이상은, 안진우) 젊었을때 젊음을 모르고 사랑할땐 사랑이 보이지 않았네 하지만 이제 뒤돌아 보니 우린 젊고 서로 사랑을 했구나 눈물같은 시간의 강 위에 떠내려 가는건 한다발의 추억 그렇게 이제 뒤돌아 보니 젊음도 사랑도 아주 소중했구나 언젠가는 우린 다시 만나리 어디로 가는지 아무도 모르겠만 언젠가는 우리 다시 만나리 헤어진 모습 이대로 젊은날엔 젊음을 잊었고 사랑할땐 사랑이 흔에만 보이네 하지만 이제 생각해 보니 우린 젊고 서로 사랑을 했구나 **달 2'56″ -Moon** (이상은/이상은) 오늘에야 비로소 사랑한단 말을 들었네 하지만 왜 더욱 허전한지 몰라 기다렸던 만큼의 기쁨은 느끼지 못했네 그리고 왜 더욱 허전한지 몰라 날 사랑한다고 말하지 마세요 단지 아픈 마음의 위로일 뿐 **벽 4'03″ -Wall** (이상은/이상은) 저 멀리로 날아간 작은 새 하나 가벼운 웃음만 남아있네 작은 구멍으로 세상을 보지만 보이는건 사람들의 큰 벽뿐 오늘도 습관처럼 새는 떠났고 흔한 해질녘 너를 만나 작은 풀꽃하나 벽돌에 심어두네 작은 언봇도 내 마음에 만들었지 다시는 울지 않으리 희망을 노래하긴 아직도 어린 우리를 하지만 울지 않으리 그 벽 안에다 남겨두고 하늘을 활짝 열어줘 너의 얼굴을 마주서 보고싶어 자유를 푸른 새벽을 너의 빛깔을 바라 보도록 이것을 울지 않으리 희망을 노래하긴 아직은 어린 우리들 하지만 울지 않으리 그 벽 안에다 남겨두고 하늘을 활짝 열어줘 너의 얼굴을 마주서 보고싶어 자유를 푸른 새벽을 너의 빛깔을 바라 보도록 아무도 모르고 저녁도 모른 새 나는 이렇게 살아남아 웃고있는 나는 가장 남아도 물은 너를 믿을 수가 없었는데 **하늘나라 3'45″ -Heaven** (이상은/이상은) 저 하늘을 봐 내 얼굴위로 파란물이 벌어질 것 같아 저 바다는 바 유리와 같은 흰 물결처럼 술렁이 천구를 세상 어디에 언젠지 마음속에 하늘나라 갖고 싶은 곳을 그대의 소중한 웃음을 어떤 반짝볼 수 있을까 슬픔이 없이 샛별보이 더 밝은 내마음속에 하지 나라 가장 소중한 것은 눈에 보이지 않아 **이 어두운밤 4'18″ -Darkness** (이상은/이상은) 창밖엔 여전히 떼마른 하늘이 불기에 젖은 유리 창아래 나는 마음 어두운 그늘속에 누워 울고만 있네 외부속에 낡은 사진하나 따뜻한 바다와 그대의 미소 나는 언제 돌아갈 수 있을까 이번 빛어진 길을 이 어두운 밤 길이없는 어두움을 방황하는 건 어디선가 그대말기까 나의 있을것만 같아 나나나 비가음 오지않는 겨울 메마른 나무와 지붕 사이로 우울한 꿈 깨어나지 못하고 밤은 또다시 찾아 오려네 **혼자라는 느낌 3'40″ -Loneliness** (안진우/안진우) 어서리 거리의 불빛 물을 가득한 나의 눈빛 외로움 잊으려 거리를 헤매도 역시 혼자라는 느낌 누구에겐가 주고 싶던 사랑마저도 식어가고 텅빈 내마음에 차가운 바람만 자꾸 스며드네 슬픔은 이제 견딜수가 있는데 혼자라는 느낌만을 어쩔수가 없어 외로워 혼자 벌쩍거려 이런 내 모습이 싫어 **길 2'36″ -Road** (이상은/이상은) 앞만보고 달렸네 아무도 가로막지 않는 어디론가 이어진 길을 따라서 외로운빛 하늘과 스쳐가는 풍경을 보며 세상에 던져진 나를 잊었네 무엇 위해 뛰었는가 내 채를 묻지 말아줘 길을 잃으듯 오래인걸 무얼위해 날아가는가 새들에게 묻지않는 아무도 아무말도 내가 가는 이길이 얼음 모래의 사막이나 달마지 뜨지않는 황야인가 은 외로우면 하늘과 스쳐가는 풍경을 보며 세상에 던져진 나를 잊었네 **여름밤 3'27″ -Summer Night** (이상은, 이상은) 여름밤에 파란색이 자유만난 그자리에 여름밤은 우리 에게 아무말도 하지않고 예쁜웃은 내게있어 라라라라 라라라라 여름밤은 우리에게 아무말도 하지않고 여름밤은 우리에게 너를보며 파란색이 여름밤은 우리에게 아무말도 하지않고 사랑해 **Twisted but Straight 2'38″** (이상은/이상은) Twisted but straight Strong but wield Laugh but fears Everything has two faces Redish Blue Bluish Red When they have to die They shall live Everything has two Faces Scar on doll's hand Don't reach the land Which seems to be a paradise Everything has two Faces Squeeze it, Star it or Ignore it Then you should know You would know You have to Everything has two Faces

"제가 가장 좋아하는 단어가 '플로우'예요. 음악도, 삶도 흐름이 있는 것 같아요.
그리고 나의 흐름을 잘 따라가는 게 중요해요."

여행 갔다 돌아온 지 얼마 안 되셨다고요.

짧게 다녀왔어요.

3박 5일로 다녀오신 거죠?

그렇죠. 30주년 기념으로 팬들과 여행을 갔거든요. 그런데 이제 다들 가족
도 있고 회사도 나가야 하니까 밤도깨비 여행처럼 짧게 다녀왔죠.

**팬들과 함께 떠났다고 해서 조금 의외였어요. 팬들과 이런 활동, 잘 안 하실
거 같았거든요.**

저도 노래만 할 때는 팬들과 이런 걸 해야 한다는 생각이 전혀 없었어요. 회
사에 소속되어 있을 때는 위에 어른들이 시키면 하기 싫다고 했었죠. 그러
다 한 7년 전쯤 제가 '브리즈뮤직'이라는 레이블을 만들었거든요. 만들고
나서 완전 처지가 달라진 거예요. 생각이 바뀐 거죠. 어릴 땐 안 하던 거, 싫
어하던 거, 이제 해야 한다는 걸요. 아티스트 이외의 자아가 생겼죠.

여행은 어떠셨어요? 노래 '섬'이 나온 태국 코팡안으로 떠나셨어요.

팬 중 한 명이 여행사를 다녀요. 제가 3~4년 전에 "팬들이랑 여행 가면 어
떨까?" 하고 말을 던진 적이 있었는데, 그걸 딱 기억했다가 "언니만 30주
년이 아니라 저도 30주년이에요. 30주년 기념으로 이벤트를 벌일 테니 따
라오실래요?" 이러는 거예요. 코팡안은 풀문 파티로 뜨기 전부터 자주 간
곳이에요. 되게 재미있게 놀고 왔어요.

**'삶은 여행'. 저한테는 은유적인 의미인데, 이상은 씨에게는 직유가 아닐까
싶어요. 삶을 여행처럼 살고 계시니까요. 본인에게 여행은 어떤 의미인가요?**

제가 만약 여행을 좋아하지 않았더라면, 지금 앨범의 반 이상이 안 나왔을
거예요. 그 정도로 영감을 줘요. 영감을 받아야 하는 사람들은 반드시 여행
을 떠나보세요. 저는 일 년에 반은 여행 다니고 싶어요. 여행 가면 너무 행
복해요. 한국에서는 여러 가지 억압 기제와 답답한 것들이 너무너무 많아
요. 제가 고민해서 만든 '나'인데도 여기선 그걸 드러낼 수도 없고, 생각할
수도, 양육할 수도 없어요. 잘 숨겨놓았다가 외국에 나가면 걔랑 얘기하죠.
내가 나 자신이랑. "잘 있었냐?", "아우, 요번엔 좀 힘들어. 그래도 사회
가 조금 자유로워진 거 같지?" 이렇게요.

혹시 첫 여행 기억하세요?

태국 갔어요.

그게 언제예요?

〈굿모닝! 대통령〉이라는 영화를 촬영할 때였어요. 그때 난생처음 외국에 나
가본 거죠.

어떤 기분이 들던가요?

해외여행이 자유화된 게 1989년이니까, 외국 한번 나가는 게 보통 일이 아
니었어요. 그 영화 보면 되게 웃길 텐데. 배를 잡고 웃을걸. 말도 안 되는 게
많아요. 이를테면 이쪽으로 걸어갈 때 빨간 가방을 멨는데, 저 사람이랑 얘
기할 때는 가방이 파란색으로 바뀌어 있다든가 하는 거죠. 연기도 그런 '발
연기'가 없어요.

태국 로케이션이면 자본이 아주 많이 투입된 영화 아닌가요?

자본이 엄청 투입됐죠. 그런데 투자한 것보다 더 많이 벌었을 거예요. 노래
도 되게 떴어요. "푸른 바다 저 멀리서 나를 부르는~."

**그 노래 알아요. 그게 주제곡이었어요? 그런데 영화 제목은 왜 '굿모닝! 대
통령'인가요?**

제 캐릭터가 대통령을 꿈꾸는 여자애였어요(웃음). 아무튼 태국에서 '그린
커리'라는 걸 처음 먹어봤어요. 세상에 초록색 비눗물인 거예요. 너무 놀라
서 혼비백산했죠. 그러고는 그다음 촬영으로 이탈리아에 갔어요. 태국은 커
리랑 더운 기억밖에 없는데, 이탈리아는 되게 좋았어요. 피자를 시켰는데
그냥 빵에 토마토소스를 쏙 바른 게 피자라고 해서 놀란 기억도 있고, 베네
치아에서는 가면이 너무 예뻤고, 진실의 입에 손 넣다가 진짜 잘릴까 봐
"나 거짓말 되게 많이 했는데." 겁내며 넣은 기억도 나요.

혼자 떠난 첫 여행은 언제예요?

그렇게 갔다 오고 나니까 조금 자신감이 붙었다고 해야 하나, 활동도 익숙
해졌고요. 데뷔하고 일 년 반 정도 지났을 때인 거 같아요. 일본을 갔어요.
완전히 반했죠. 화려하고 모든 게 예뻤어요.

지금 같은, 삶을 여행처럼 살게 된 계기가 있을까요?

그렇게 혼자서 여행을 가니까 되더라고요. 그리고 그게 너무 행복했어요. 내가 한국에서 태어나 한국에서만 살면 한 가지 인생밖에 살지 못하지만 외국에 나가면 또 다른 인생도 살 수 있겠다는 느낌이 드는 거예요. 영화 찍으러 갔을 땐 잘 몰랐고 일본 여행 가면서 그런 생각을 했죠.

처음 정착을 위해 떠난 곳도 일본이었죠? (1988년에 데뷔한 이상은은 인기 절정이던 1990년 미술 공부를 하러 일본으로 떠났다가, 1991년 다시 미국 유학 길에 올랐다.)

그렇죠. 저는 그렇게 생각했어요. '20대 때 내가 방송국만 왔다 갔다 해서 무슨 인간이 될 거야.' 인생 공부를 해야 하는 나이잖아요.

그런 생각이 자연스럽게 들던가요?

요즘 대학은 어떤지 모르겠지만 그때는 교수들이 그런 말을 많이 해줬어요. 너는 지금 어떤 구름 위에 있는 거고, 실제적인 삶이 아니라고. 인간으로 몇 년 후, 십 년 후를 생각해야 한다고. 한두 명이 아니라 많은 사람이. 그런 사회였어요. 어른들이 어른들이었고, 인생이 인생이었죠. 철학적인 부분에 관해서는 그때가 훨씬 성숙했어요.

그런데 스타가 되고 싶었다고 하셨어요.

스타가 되고 싶은 건 내 생각이고, 어른들이 보기엔 그래도 제가 인간으로서 제대로 살았으면 좋겠다는 말이죠. 어떤 교수님께 편지도 받았어요. "상은 씨 정말 마음에 무척 들고 다 좋은데, 내가 어른으로서 충고 한마디 해주자면 지금 이대로 살면 안 돼요." 캐롤 킹Carole King 음반도 함께 보내줬어요. "인기는 물거품 같은 것이고 2~3년만 지나면 딱 꺼져버릴 거예요. 그 이후의 삶에 대해서 생각했으면 좋겠어요. 그런데 상은 씨가 평생 음악을 했으면 좋겠어요. 그러니 캐롤 킹 음반을 들어보세요." 그때부터 고민하기 시작하고 아티스트의 길을 걷겠다고 생각한 거예요.

여행 많이 다니셨잖아요. 이상은만의 여행 철학이 있을까요?

그러고 보니 그렇네요. 여권이 세 권이니까요. 두 권 다 꽉꽉 채워서 쓰고 지금 세 번째 채우고 있으니, 여행을 많이 다니긴 했네요. 일단 저는 무조건 100퍼센트 자유여행이에요. 그냥 티켓 사고 떠나요. 숙소 말고 정하는 게 없어요.

뭘 볼지, 뭘 먹을지도 안 정하세요?

네. 한 개도 안 정해요. 도착해서 그때부터 탐색하는 거예요. 모험을 많이 하고 미지의 세계를 만나는 걸 좋아해요. 그렇다고 해도 오지는 좀 그래요. 잡지라도 한 권 사 오고, CD라도 하나 구해오는 게 중요해요.

문화적인 베이스가 강한 곳이 여행지로 좋으신가 봐요.

문화적 양분을 흡수하기 위해서 여행을 가는 경우가 반 이상이니까요.

가장 좋아하는 여행지가 궁금해요.

여행 가서 좋은 데는 없고, 그냥 여행을 좋아하는 것 같아요.

자기 자신에게 최고의 휴식, 휴가는 역시 여행일까요?

그렇죠. 최고가 여행이죠. 그런데 사실 여행은 조심스럽게 생각할 수밖에 없잖아요. 비싸고 돈도 많이 들고요. 여유를 찾아 떠나는 게 여행이지만, 그런 여행도 여유 있는 사람이 가는 거니까요. 마음의 여유도 있어야 하고요.

그러니까 지나치게 힘든 상황에서 여행 가겠다고 몸을 움직이는 경우가 별로 없는데, 저는 그런 분들에게도 최고의 명약은 여행이라고 생각해요.

일상에서 휴식을 취하는 자신만의 방법이 있다면요?

세컨드 하우스는 아니지만, 해보니까 되게 좋은 게 있어요. 부모님이 시골에 사세요. 저는 서울에, 부모님은 시골에, 원래는 그냥 이거였어요. 명절 때만 얼굴 보고요. 그런데 부모님이 몸이 좀 약해지시니까 저한테 SOS를 치시는 거예요. 제가 외동딸이잖아요. 연세가 많이 드셨구나, 저도 충격을 받았죠. 그래서 내려갔어요. 충남 공주인데요, 처음에는 힘들었죠. 시간 내서 내려가 살림도 도와드려야 하니까요. 자, 이걸 긍정적으로 받아들이자. 일이 점점 손에 익고, 부모님도 제가 가니까 다시 꽃피는 거예요. 이제 좀 편안해지면서 거기가 세컨드 하우스가 됐어요.

시골에 내려가는 게 휴식인 거예요?

네. 부모님도 좋아하시고 저도 서울에만 있으면 너무 괴로운데 자연에서 좋은 공기 씌어서 좋아요. 부모님과 옛날얘기 하면서 보내는 시간도 좋고요. 사람들한테 꼭 얘기해주고 싶어요. 다시 부모님께 돌아가라고. 그리고 부모님이 받아들여 주면 일 도와드리는 건 필수예요. 그러면서 거기에 있는 거예요. 마치 시골 사람이 된 것처럼.

하늘 보는 거 좋아하실 것 같아요. 하얀 태양, 날아가는 새, 고개를 들어야 알 수 있는 것들이 가사에 많이 나와요.

하늘 많이 보고 살면 좋겠어요. 하늘 보는 거 되게 중요해요. 나이 먹을수록 진짜 하늘 보기가 힘들더라고요. 어릴 땐 맨날 봤는데.

맞아요. 별도 보고요.

지나가는 구름만 봐도 너무 행복했는데. 하늘 보는 걸 잊어버리지 않으면 좋죠.

데뷔 30주년 어떤가요. 숫자에 큰 의미를 부여하지 않으실 것 같지만.

맞아요. 30주년이라고 말하는 게 멋없다고 생각했어요. "나 30주년이야." 촌스럽잖아요. 그런데 실제 내가 느끼는 것과 상관없이 정성을 다해 파티를 준비해주는데, 거기다 대고 멋없다고 말할 수는 없잖아요. 소통의 문제예요. 상대방이 30주년을 중요시 여기면서 나한테 다가올 때, 나도 인정해줘야죠. 내 생각을 그대로 이야기해버리면 소통이 안 되잖아요.

30주년에 의미를 부여하는 한 사람으로서 이어서 질문드릴게요. 30년이란 시간 동안 계속 음악을 하게 한 원동력은 뭘까요?

조금 이상하게 들릴 수 있는데, 저는 어릴 때 음악을 할 생각이 전혀 없었어요. 물론 '노래할 때 되게 행복하다, 가수가 되면 어떨까?' 하는 생각을 안 한 건 아니에요. 그래도 진지하게 장래에 대해서 고민할 때는, 미대에 가려고 했죠. 아버지께서 건축을 하셨거든요. 계속 미술을 했으면 디자이너가 되든 화가가 되든 했을 텐데 어떻게 하다 보니까 음악을 하게 된 거잖아요. 그런데 문제는 제가 음악에 대해 아는 게 아무것도 없었다는 거예요. 이론도 모르고, 아무것도 몰라요. 음악을 한다는 생각이 없었으니까요. 스타가 되고 싶었죠. 아무 준비 없이 시작했으니 제가 너무 미완성인 거예요. 완성하려고 계속하다 보니까 오래 가게 됐다고 해야 할까요. 아니, 완성이 있다는 생각은 안 하는데 계속 배우면서 갈 수밖에 없잖아요. 하기로 마음먹었으면. 처음 제 생각과 다르게 시대가 계속 변하고 그래서 음악도 변하고, 음악을 만드는 방법도 변하고요. 계속 공부만 하다가 여기까지 와버렸고,

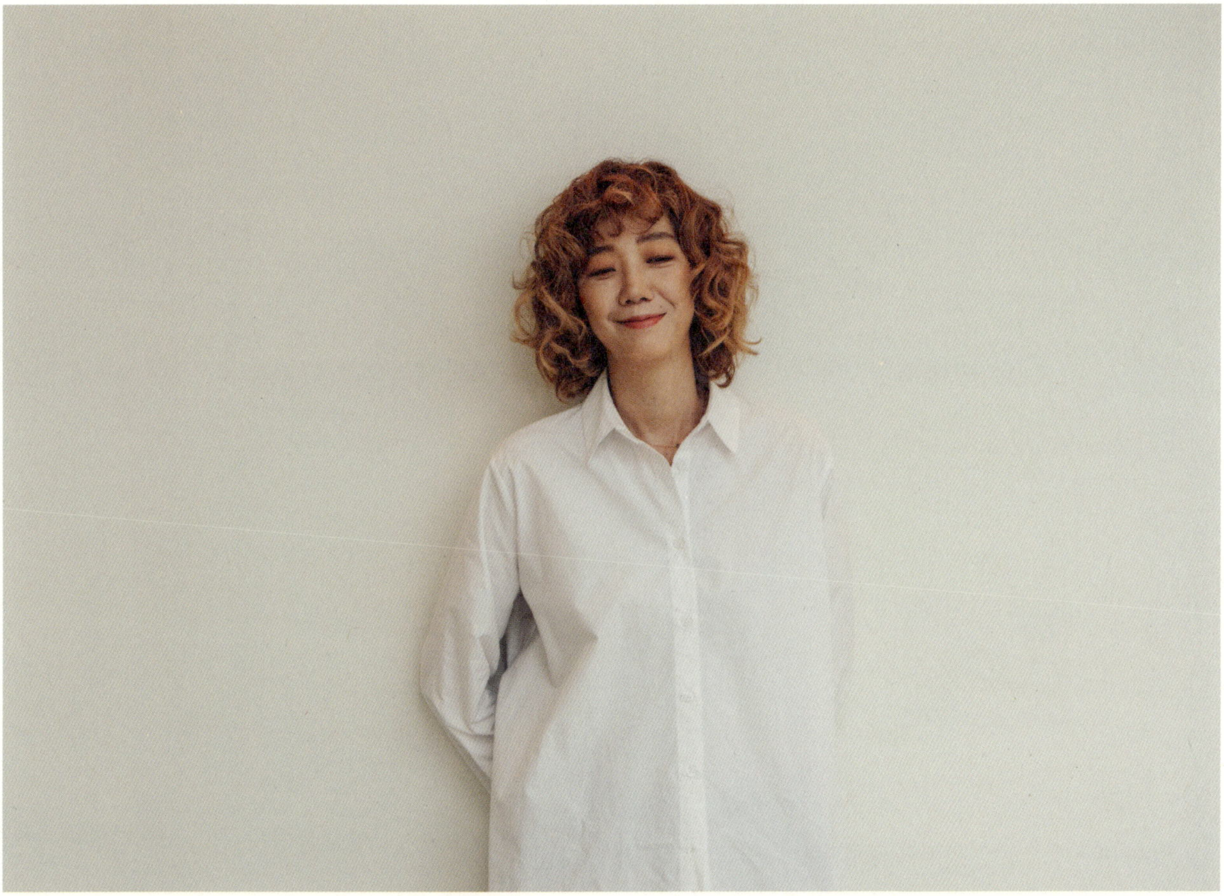

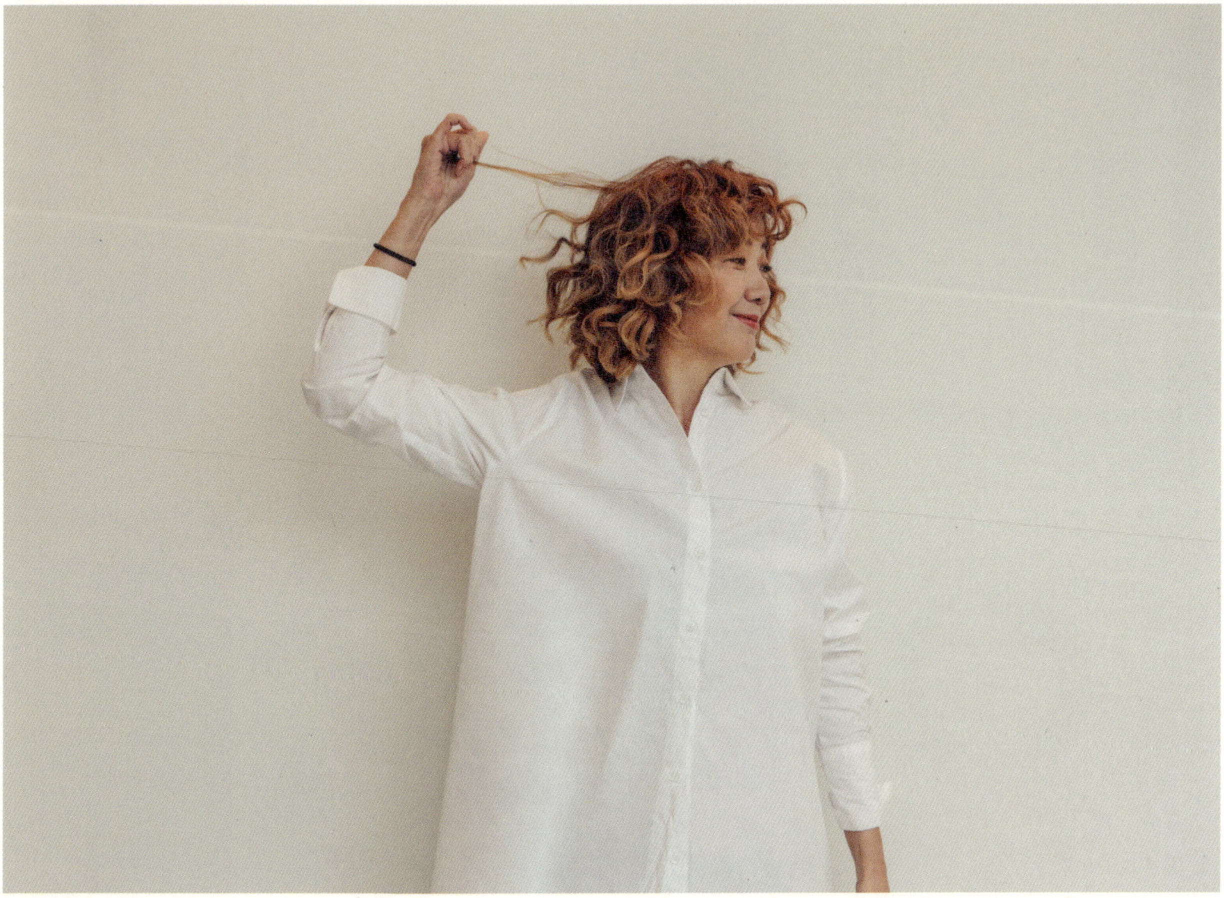

30년이 지나간 것 같아요. 늘 당근을 좇는 말처럼, 허덕허덕 겨우 나왔는데 평론가들이 '오케이' 해줬어, 이런 거예요. 그게 얼마나 힘든데요. 지난번에 음반 냈을 때 평론가와 지금의 평론가가 다른데 계속 좋은 평가를 받으려면…. 무서운 일이에요.

대중의 반응보다는 평단의 평가와 그 기대치를 맞추기 위해 계속 애썼다는 말처럼 들려요.
저는 평론가들이 뭐라고 생각하느냐가 너무 중요했어요.

음악을 잘 모르는 상태에서 시작했기 때문에 불안감이 늘 있었나 봐요.
아직도 모른다는 불안감이 있고, 실제로 나는 부족하다고 늘 생각하기 때문에 계속 뭘 해나갈 수 있는 것 같아요. 자신에게 익숙하지 않은 걸 하는 편이, 결국은 좋은 거예요.

저는 어느 순간 "몰라, 다 놓자!"가 될 것 같아요.
살아남아야 될 거 아니에요. 창피하잖아요.

지금도 평단의 평가가 중요하세요?
그동안은 오로지 음악성을 인정받는 게 목표였어요. 안 팔려도 상관없다, 음악성 하나만큼은 누구도 무시 못 한다. 두 가지를 다 이룰 순 없어요. "나는 음악성 있다는 말만 들으면 돼." 그렇게 해서 여기까지 온 거예요. 그거는 이뤘으니까, 지금은… 너무 애쓰고 싶지 않아요. "이건 이상은 음악이야."라고 내 색깔을 찾았잖아요. 처음에 가사 쓰는 거 10년 고생하고, 멜로디 찾는 데 10년 고생하고, 또 다른 거로 10년 고생하고 나니까 더 욕심부릴 것도 없고요. 그냥 내가 좋아하는 쪽으로, 나답게 하고 싶은 거 하고 내려놔도 되겠다, 편하게 해도 되겠다 생각해요.

가장 편하게 작업한 앨범은 어떤 거예요?
14집 [We are made of Stardust]요. 레이블을 만들었더니 진짜 편하게 하고 싶은 대로 하게 되더라고요. 눈치 볼 게 아무것도 없으니까! 저는 그 앨범이 좋아요.

제가 제일 좋아하는 앨범이에요.
진짜 눈치 하나도 안 봤어요. 나한테 이래라저래라 하는 사람이 없어서 진짜 끝까지 살렸어요.

독학으로 에이블톤 라이브를 공부해 작업했다고 들었어요.
네. 그런데 그것도 나왔을 땐 정말 반응이…. 좋다는 사람 지금 두 번째 만나는 거 같아요.

제가 타이틀 곡인 'Something In The Air'에 영감을 많이 받아서(웃음), 인터넷 아이디에 항상 'Air'를 넣었어요. 그 말이 너무 좋아요.
일렉트로닉 음악 하지 말라는 사람도 있었어요. "당신은 어쿠스틱이 어울리는데 왜 그런 걸 해?", "아, 됐어. 난 내가 하고 싶은 걸 할 거야." 하고 싶은 음악을 내 멋대로 하려고 회사를 만든 거거든요. 그 시작이 된 게 14집이어서, 저한테 14집은 매우 중요해요.

〈달팽이 호텔〉 나오셔서 앨범을 만들 때 작업 기간과 방법이 있다고 하셨는데요, 작업 방법이 궁금해요.

컴퓨터가 생긴 다음부터는 그 전과 작업 방식이 완전히 달라졌죠. 14집부터 컴퓨터로 작업하기 시작했어요. 15집은 처음부터 끝까지 혼자 했어요. 연주도 하고 믹싱도 하고. 홈레코딩의 시대잖아요. 그걸 한번 해본 거예요. 죽는 줄 알았어요. '혼자 처음부터 끝까지 해보자!' 하고 시작했는데, 끝내고 아파서 끙끙 앓았어요. 그런데 어쨌든 짧은 시간 안에 앨범을 만들어야 하는 상황이었고, 조금 시간이 걸리더라도 혼자 할 수 있다는 자신감이 생겼죠.

아무것도 모르는 스무 살에서 홈레코딩까지, 스스로 대견한 마음도 들 것 같은데요?
그게 중요한 시대니까요. 지금은 음반 자체가 판매가 안 되기 때문에 "만약 네가 계속 음악을 하고 싶으면 스스로 제작을 할 수 있어야 해."라는 시대인 거예요.

그렇다면 기술적인 부분 말고, 어디에서 영감을 받나요? 소재는 어떻게 가사와 음악으로 옮기시고요?
음악이 나오는 환경이 중요해요. 음악을 만들 때는 꼭 여행을 가요. 한국에서는 왜 이 '삘'이 안 나오나 모르겠어요(웃음). 14집도 뉴욕에 갔기 때문에 나온 거예요. 뉴욕에서 아파트를 빌려서….

그곳에서 별 같은 불빛을 보며.
진짜 그런 걸 보니까 영감이 팍팍 떠오르지. 그래서 그 느낌 그대로. 지금 여기에 있는 나의 에고에서 완전히 벗어나야 뭐가 나오거든요. 방법론적으로 가장 쉬운 게 여행이에요. 여행을 가면 다 해결돼요. 나에게 집중이 돼요. 나 자신이 되어서 자유롭게 있을 수 있는 건, 여행 갔을 때뿐이에요.

지금 16집 준비 중이시잖아요. 그럼 여행 계획도 있으시겠네요?
당연히 가야죠. 안 가면 안 나와요(웃음).

어떤 앨범이 될지 조금 알려주실 수 있을까요?
솔직히 말하면… 사람이 몸이 있고, 혼이 있고, 영이 있다고 그래요. 신학대학 가면 공부하는 건데, 제가 신학 공부를 조금 했어요. 몸이 맨 밑에 있어요. 혼이라는 건, 예를 들면 어떤 평론을 쓸 때 움직이는 게 혼이고요. 그 위에 영이 있어요. 음악도 영적인 음악이 나올 때가 있고, 혼적인 음악이 나올 때가 있어요. 이번에는 어떤 게 나올지 모르겠어요. 영적인 부분들로 더 많이 가게 될지, 아니면 혼적으로 영화 평론을 쓰듯 곡을 쓰게 될지.

여행지나 앨범 발매 시기도 결정되지 않은 걸까요?
삶의 굵은 줄기가 있잖아요. 그게 저는 음반이거든요. 그 굵은 줄기는 '어떻게 가나 보자.' 하는 것도 있어요. 그래서 미리 정해놓은 것도 없고요. 여행을 가면 그때부터 영감이 떠오르기 시작해요. 아, 꼭 얘기해줘야지 하고 생각한 게 있어요. 제가 인생에서 가장 좋아하는 단어가 '플로우Flow'예요.

'흐름'이요?
네. 그러니까 흘러 흘러가는 거예요. 음반도 흘러 흘러가고, 삶도 흘러 흘러가고. 그냥 흐름이 있는 것 같아요. 30년 지나보니까, 제가 흐름에 몸을 맡기고 그냥 가보니까, "뭐가 정해졌어요?", "정해진 건진 모르겠는데 시간이 지나고 흘러 흘러가다 보니까 나왔어." 이런 느낌인 거예요. 삶은 강물 따라가듯이, 과정을 즐기면서 가다 보면 이렇게 작품도 나오고요. 나의 흐름을 잘 따라가는 게 저의 테마예요.

아까 음악은 일상을 벗어나야 나온다고 하셨는데요, 요 몇 년 한국 사회에 여러 변화가 있었잖아요. 이런 일상의 경험이 앞으로 나올 음악에도 영향을 미칠지 궁금해요.

영향 정도가 아니에요. 일상에서 흡수된 정보들이 일상을 벗어나면 나와요. 그거를 차단하고 다른 게 나오는 게 아니라요. '정권이 바뀌었구나, 이런 일이 있었구나, 미투 운동이 일어나는구나.' 하고 받아들이죠. 그런데 일상의 함정은 무엇이든 딱딱하게 느껴지게 하는 거예요. 음악은 일상을 일상이 아니게 만들어줘요. 공간을 바꿔줘요. 그러려면 이제 막 들어온 많은 정보를 일상적이지 않은 모양새로 바꿔야 하죠. 그게 예술이잖아요. 안으로 들어온 정보를 표현할 때는 일상이 아닌 장소에서 더 탈脫일상적인 게 나온다는 의미예요. 소재 자체는 현실에서 많이 얻어요.

음악적으로 새로운 시도를 많이 하셨잖아요. 음악을 만드는 방법도 어쿠스틱에서 컴퓨터로 바꿨고요. 그러면서도 이것만은 꼭 지켜야겠다고 생각한 게 있다면 뭘까요?

몸 아끼지 말자(웃음). 앨범 하나 내면 건강이 많이 상해요. 사실 작업할 때는 평단도 생각나지 않아요. 이유가 뭐냐 하면, 목적을 가질 필요가 없거든요. 그냥 그 가치랄까? 너무 고통스러우면서도 너무 황홀한 거 알아요? 음악을 만들 때 너무 고통스러운데 너무 황홀해요. 이런 고통이 없어요.

그 황홀함은 음악을 만들 때만 느낄 수 있나요?

그럼요. 음악을 만들 때만 느낄 수 있는 황홀함이죠. 그것 때문에 만든다고 해야 하나. 그런데 너무 힘들어요. 그 기쁨이나 황홀함은 정말 다른 세계에 있는데 그 세계에 들어가면 너무 피곤하고 아파요. 사람이 7시간 동안 앉아서 같은 소리를 4시간 동안 듣다 보면 미치겠거든요. 몸이 감당을 못해요. 그러니까 그 행복감을 느끼려고, 나 좋아서 하는 거예요.

예전에 《인생기출문제집》에서 이런 말을 하셨죠. "지금 당신이 품고 있는 가장 황당무계하게 큰 꿈이 무엇입니까?" 이 질문을 되돌려 드리고 싶어요.

16집을 무사히 잘 만들어내는 거예요.

황당무계하지 않은데요?

그래도 제 마음은 황당무계예요. 언제나 '내가 이걸 끝까지 해낼 수 있을까?' 생각해요.

마지막으로, 아까 꼭 하고 싶은 말이 있다고 하셨어요.

저는 처음 데뷔했을 때의 대중적인 인기나 그 이후에 행보를 바꿔서 작품성 중심으로 간, 그 두 개의 길 다 감사해요. 그러니까 어떤 게 더 옳다고, 전 지금은 생각하지 않아요. 한참 지금의 길을 갈 때는 이 길밖에 안 보이니까 '담다디'를 거부할 수밖에 없었어요. 그래서인지 팬들이 스스로 갈등하는 경우가 있어요. "난 그래도 '담다디' 때 언니를 잊을 수 없고, 그때 나한테 얼마나 힘이 됐는지 모르고, 대중적인 어떤 것들을 잊을 수 없어요." 그걸 거부하지 않을 거예요. "맞아요, 그게 당신 삶의 행복이었으면 저는 그걸 인정해요. 다만, 제가 두 번 다시 그걸 보여드릴 수 없고, 보여드릴 능력도 없어요. 그리고 그런 방향이 아닌 길을 선택해서 왔어요." 두 갈래 길이라고 했잖아요. 난 지금의 길을 선택해서 온 것뿐이에요. 두 길을 동시에 걸을 순 없었어요.

갑자기 '좁은문'이 생각나요. '좁은문'을 선택하셨어요.

맞아요. 어려운 길을 선택했죠. 그렇지만 선택의 문제였지 우열의 문제는 아니었어요. 그래서 지금은 더 이상 "'담다디' 때는 싫었어요."라는 말 안 해요. 고맙다고 해요. 그리고 또 이렇게 생각해요. 제가 계속해나갔기 때문에 '담다디'가 사라지지 않은 거라고요.

너무 좋은 말이에요. 둘 중 하나를 선택했다고 생각했는데, 결국 둘 다 있었네요.

내 능력은 그게 아니라고 생각해서 다른 길을 선택했지만 그래도 꾸준히 나한테 맞는 방식으로 나아갔기 때문에 제 어린 시절을 좋아한 사람들이 아직도 그때를 추억할 수 있잖아요. 둘 다 되게 고맙고, 그 시절이 사라지지 않았으면 좋겠어요. 감사하게 생각하고 그때를 부정하지 않게 됐어요.

시간이 흐르면서 자연스럽게 변한 마음일까요?

그렇죠. 다 감사해요. 그리고 신기하죠? 뭐가 됐든, 뭐라도 선택해서 끝까지 가니 두 가지 다 얻은 느낌이 든다는 게 말이에요.

조용한 오후를 담은 손길

샐리 웨스트

샐리 웨스트Sally West의 그림을 처음 본 순간 어디선가 익숙한 장면이 떠올랐다. 눈부신 햇살, 파도 소리, 초록색과 파란색 사이의 바다 물빛, 사람들의 웅성거리는 말소리. 꾸벅거리며 졸음을 받아들이고 싶은 한적한 오후가 그대로 담겨있다. 이름 모를 평범한 휴식이 그림으로 탄생했다.

에디터 **이자연**   그림 **샐리 웨스트**

BluesPoint1(1.5.17).24×30.72

PalmyStudy2(3.7.16).12×16.72

Beach(23.11.17).60×36.72

BlueBoat,Rushcutters.18×18.72

TheShortcut 40×40.72

자기소개 부탁드려요.

제 이름은 샐리 웨스트예요. 현재 시드니에서 살면서 그림 작업을 하고 있어요. 뉴사우스웨일스 지역의 밀과 양이 자라는 농장에서 자랐어요.

붓 대신 팔레트 나이프를 사용하는 방식이 독특해요. 이 기술을 어떻게 시작하게 되었나요?

처음에는 아크릴 작업을 했어요. 유화는 다루기 어려워 보였거든요. 근데 아크릴은 제가 하고 싶은 걸 그대로 표현하기가 어렵더라고요. 시간이 지나면서 결국 다시 돌아왔고, 계속해서 시도했죠. 붓을 길들이면서 점점 쉬워지고 익숙해졌어요. 15년 전에 붓을 대신해서 팔레트 나이프를 이용하곤 했는데, 그게 지금 작업 방식이 시작된 지점인 셈이죠. 그즈음부터 밖으로 나가 그림을 그리기 시작하기도 했고요.

주로 어떻게 영감을 받는 편인가요?

저는 말 그대로 '야외형' 화가예요. 그러니 저를 둘러싼 환경에서 영감을 받죠. 바깥으로 향해서 기분 좋은 자리를 찾는 게 가장 큰 기쁨이기도 해요. 제가 그림을 그리도록 하거든요. 자연스럽게. 이 행위가 저를 자유롭게 만드는데, 무척 좋아요.

샐리의 작품을 감상하는 동안 자신의 가족을 무척 사랑하는 어느 작은 여자아이가 떠올라요. 자라나면서 가족에게 사랑을 배우고 이해하는 소녀요. 영화로 치면 〈미스 리틀 선샤인〉 같은 아이요. 작품 속 평화로운 분위기는 의도한 건가요?

그림을 그리는 매 순간 제가 무엇을 담고 싶은지, 진정 의도하고 싶은 게 무엇인지 계속해서 궁리해요. 무엇이 저를 끌어당기는지 확신할 수는 없지만, 무언가가 계속해서 더 나은 화가가 되고 싶게끔 해요. 사실 저는 제 작품을 보는 사람들을 염두에 두는 편은 아니에요. 그저 저 자신을 그림 그리기 좋은 환경에 둘 뿐이죠. 그러면 자연스럽게 그 분위기와 흐름에 반응하게 돼요. 제가 의도하는 것은 딱 거기까지예요. 그런데도 사람들이 제 작품을 보고 마음의 안정과 평온을 찾는 것을 보면 무척이나 행복하고 감사해요. 아마 그 그림을 그린 제가 당시에 그런 마음을 갖고 있었을 테고, 그런 영역에 자리했겠죠. 실제로 그림 그릴 때 평온하기도 하고요.

당신은 어떤 아이였을지 궁금해요.

저는 아주 외진 지역에서 자랐어요. 철저히 고립된 곳이라서 혼자만의 시간을 보내는 게 익숙했죠. 아빠가 목장에서 양들을 한곳으로 몰 때 돕기도 했어요. 대략 천 마리 정도 됐는데 제가 모두 몰았어요(웃음). 정말 즐거운 기억이에요. 그 시절에는 제가 그림을 그릴지, 글을 쓸지, 혹은 어떤 작품을 만들어낼지 전혀 예상할 수 없었어요. 땅 위에 나뭇가지로 그림을 그리던 기억은 나요. 학교에 들어가면서부터 많은 시간을 색칠하면서 보냈고요. 열두 살이 되어서 기숙학교에 간 뒤부터 제가 예술에 관심이 있다는 것을 알게 되었어요. 아주 열망했고, 사랑했죠. 미술실에 있을 때 가장 행복했거든요.

당신은 다양한 색을 다루는 일을 하고 있어요. 진부하지만 궁금한 질문인데요, 가장 좋아하는 색이 있나요?

정말 어려운 질문이네요(웃음). 저는 모든 색을 동등하게 봐요. 계속해서 제 팔레트를 탐험하고 색을 섞으면서 무한한 가능성을 발견하거든요.

예술가로서 세상을 대하는 샐리만의 방식이 있나요?

주어진 순간과 환경에 자기만의 이야기로 반응하는 거예요. 즉흥적이지만 자연스러운 방식으로요. 모든 그림은 딱 그때만 그릴 수 있고, 다시 돌아갈 수 없어요. 저는 작업실에 돌아가서 절대 그림을 수정하거나 덧그리지 않아요. 모든 작품은 그 자리에서, 그 순간에만 완성돼요. 만약 뒤로 돌아간다면, 변화는 있겠지만 의미는 사라진다고 생각하거든요.

휴가는 보통 사람들이 계속해서 살아갈 힘을 주잖아요. 그리고 스스로 응원하는 시간이 되기도 하고요. 당신은 휴가를 어떻게 즐기나요?

그림 그리는 모든 순간이 휴가처럼 느껴져요. 그림을 그리지 않으면 오히려 그때 일을 하고 있는 것 같거든요. 그림 그리는 것 외에 다른 활동을 굳이 꼽아보자면, 해변에서 수영하거나 눈 위에서 스키 타는 걸 무척 좋아해요.

어떤 사람들은 작품을 이해하는 방식을 배워야 한다고 말하고, 또 다른 사람들은 그저 느끼는 대로 즐기면 된다고 말해요. 이런 논의에 대해 어떻게 생각하나요?

저는 지식으로 작품을 이해하려고 하지 않아요. 그 자체가 무엇인지 보고, 내 반응을 살피고, 작품 안을 탐험하려고 하죠. 사람들이 특정한 작품에 이끌리든 그렇지 않든, 작품을 설명하고 이해하는 것은 여전히 어렵고 힘든 일이에요. 친구를 고르는 것과 비슷하죠. 누군가 무척 마음에 들고 친해지고 싶은데 그 이유를 말로 하려면 어렵잖아요. 물론 작품을 감상할 때 느낀 기분을 논의하고 말로 꺼내보려는 활동은 무척 중요하겠죠. 계속해서 마음에 떠오르는 생각과 의견을 발화해보세요. 그럼 예술을 넘어서 인간과 종교, 문화까지 타인과 다양한 대화를 나눌 수 있을 거예요.

당신의 작품을 본 사람들의 다양한 감상이 전해졌을 것 같아요.
보통 SNS를 통해서 다양한 반응이 전해져요. 최근 호주에서 전시를 여러 번 했는데, 전세계적인 피드백을 받았어요. 그런 반응은 단순히 갤러리 안에만 흐르는 게 아니더라고요. 온라인을 통해서 많은 이들이 제 작품을 보고 이야기를 전해주고 있어요.

작품을 통해서 많은 이들과 이야기를 나눈 거네요.
제 작품을 통해서 사람들에게 어떤 생각을 전할 수 있는 건 행운처럼 느껴져요. 어릴 적에 사람들과 멀리 떨어져 자라서인지 그림을 통해서 많은 이들과 조용히 대화를 나누는 게 특별하게 느껴지거든요. 즐거운 모순 같은 거죠. 저는 말을 하지 않는데, 많은 이야기를 나누니까요.

상상을 가미한 질문을 드릴게요. 특별한 휴일을 맞아 딱 한 사람을 초대할 수 있다면, 누구를 부르고 싶나요?
제 아이들이요. 두 명인데 가능하죠(웃음)? 우리 아이들은 지금껏 만난 사람들 중 가장 재미있는 친구들이에요. 그 파티는 분명 무척 재미있을 거예요.

마지막으로 샐리의 궁극적인 목표는 무엇일까요?
행복해지는 것 그리고 제 작품이 제일 멋지다고 생각하는 것이요!

Sally West
H. sallywestart.com

불빛에게
방랑을 물었다

사진작가 **김홍희**

떠남과 머무름 사이의 경계가 없는 사람이 있다. 그에게 삶은 방랑이며 방랑은
곧 일상과 연결된다. 떠나고 사진에 담고 사유하고 다시 일상에서 글을 쓰는
사람. 사진작가이자 여행가 김홍희에게 멀리 흔들리는 불빛은 어떤 의미일까.

에디터 **김건태**　포토그래퍼 **안가람**

Gobi Desert
Mongolia
N43° 47' 5.40"
E102° 11' 1.36"
1525m

"함께 담은 위성 좌표가 아니었다면,
몽골 사막의 모래 언덕은 한편 인간의 곡선처럼 보이기도 한다."

"그때 저 멀리 불빛 한 점을 보게 됐어요.
불빛에게 물었죠. "거기가 끝이냐?" 그랬더니
불빛이 대답하더라고요.
"여기가 시작이다!"

《방랑》이 처음 나온 게 15년 전이에요. 어떻게 시작된 여행인가요?
일본 사진 유학 당시 일본인 형을 따라 홍콩으로 취재를 간 적이 있어요. 그때 주변 나라를 돌며 여행을 시작했죠. 특별히 어디로 가야겠다고 정한 건 아니었고, 그저 열심히 사진 찍으며 떠돌아다녔어요.

여행의 다양한 방식 중에 방랑을 택한 이유가 궁금해요.
어릴 적 부산 앞바다가 훤히 보이는 산복도로에 살았어요. 밤에 계단에 앉아서 기타 치고 놀고 있으면 달이 떠올라 바다 위로 노란 길이 생겨요. 그 길을 걸어가는 상상을 했어요. 바다 위를 걷다 보면 지구를 돌 수 있지 않을까 하고요.

책을 보면 방랑의 이유를 '공명'이라고 했어요. 어떤 의미인가요?
공명한다는 것은 상대의 울림과 나의 울림이 함께 울리는 거예요. 주파수가 맞아야 하는 일이죠. 다양한 나라와 다양한 시간대를 지나며, 그곳에서 만난 시간, 풍경, 사람과 공명하는 거예요.

노력한다고 되는 일은 아니겠죠?
각 나라의 문화는 그 공간과 시간 속에서 오랜 시간 쌓인 거잖아요. 저도 제가 살아온 환경 안에서 축적된 사유와 습관이 있는 거고요. 그건 억지로 노력한다고 되는 일은 아니고, 나와 다른 것을 만났을 때 저절로 공명하는 법을 익히는 거예요. 다름을 받아들이는 거죠.

제 첫 여행지는 인도였어요. 그때 아주 많은 충격을 받았는데, 몇 번의 여행이 쌓일수록 처음의 낯섦이 사라지더라고요. 이걸 공명이 덜하게 됐다고 봐야 하는 걸까요?
오히려 공명 관계가 깊어지는 게 아닐까요? 처음에는 충격을 받았지만 이제는 그걸 인정하게 되는 거겠죠. 길거리 한복판이나 철도 위에서 큰일 보는 인도인을 보며 처음에는 인간도 아니라고 생각하다가, 이제는 그런 세상도 존재하는구나 받아들이는 거죠.

더 이상 여행이 낯설지 않아서 슬퍼졌는데, 이제는 그러지 않아도 되겠네요.
익숙해져서 감동하지 않는 게 아니라, 같은 걸 보고도 자신의 머릿속 기준을 그곳에 맞춰 바라보는 거겠죠.

작가님의 여행 방식은 어떤가요?
잠깐만요. 저 카메라맨에게 한마디 하고 싶은데, 저 자꾸 눈 감지 않아요? 기왕이면 재미있는 아저씨처럼 찍어주세요(웃음). 아, 미안합니다. 질문이 뭐였죠?

여행 방식을 물어봤어요. 그런데 방금 말한 '재미있는'이라는 표현에 대답이 들어있는 것 같네요.
여행을 떠나면 혼자서 독고다이처럼 있는 것보다는 여기저기 사람들에게 말을 거는 편이에요. 한국에서 말을 걸면 이상한 사람 취급당하지만 여행지에서는 작은 것 하나로도 같이 웃을 수 있잖아요.

서로가 서로에게 이방인이라는 인식 때문에 좀 더 편해지는 걸까요?
그렇죠. 경쟁자가 아닌 관찰자이기 때문이겠죠. 저는 한국에 살면서도 홀리데이와 방랑을 늘 생각해요. 내 옆의 누군가를 경쟁자로 두기보다는 여행자로 살아가면 언제나 재미있는 아저씨가 되겠죠.

여행자의 삶이라는 게 부럽기도 하지만 한편으로는 떠남과 머무름의 반복이 조금 고될 것 같아요.
한국에 있으면 나가고 싶고, 나가 있으면 들어오고 싶고, 누구나 비슷한 마음일 거예요. 충전이 필요할 때마다 둘 중 하나를 선택하는 거죠.

멈추고 싶다는 생각을 한 적은 없나요?
서른세 살에 결혼해서 첫 아이를 서른다섯에 낳았어요. 마흔쯤 됐을 때 변산에 가서 사진을 찍었는데, 그때 저 멀리 불빛 한 점을 보게 됐어요. 불빛에게 물었어요. "거기가 끝이냐?" 그랬더니 불빛이 대답하더라고요. "여기가 시작이다!" 불빛에 다다르면 유명해지고 돈도 많이 벌고 새로운 인생이 시작될 줄 알았는데, 그 이후에도 가야 할 길이 더 있더라고요. 사십이 다 돼서 깨달은 거죠. 이런 유형의 삶은 끝없이 지속되는 거구나 하고요.

그 불빛에 끝내 다다르지 못할 수도 있겠네요.
인간이 신을 보며 그와 닮기를 추구하는 것처럼, 중요한 건 그곳으로 가려는 마음이에요. 갈 수도 있고 못 갈 수도 있지만 거기에 너무 목매지는 말아야 하겠죠. 거기서 또 다른 불빛을 발견하고 물어보면 되는 거니까요. 그렇게 깨달은 다음부터는 삶에 여유가 생겼어요. 인생이 홀리데이가 된 거죠.

일상도 여행도 홀리데이, 좋은데요?
젊을 때는 제가 가진 에너지를 100퍼센트 사용했어요. 하지만 이제는 70 정도만 사용하고 쉬어요. 바닥난 에너지는 다시 채우기 힘들잖아요. 여행도, 술도, 머무는 것도 살살 하는 게 좋아요. 천천히 하세요. 서두를 필요 없이 릴렉스하게.

하지만 지금의 여유 있는 표정과는 달리 《방랑》에 드러난 이미지들은 하나같이 쓸쓸해 보여요. '겨울날 여인숙', '술 취한 사내', '거울의 비친 초상' 같은 것들이요.
아내에게 많이 미안해요. 저는 늘 떠도는 삶을 살 수밖에 없잖아요. 그러지 않으면 생활비를 벌 수 없으니까. 부단히 노력해서 하루하루 사는 중인데, 가끔 나 자신이 일당 노동자 같아요. 봉급을 받지 않고 생활을 유지하는 게 쉬운 일은 아니거든요. 항상 살얼음판을 걷는 기분이지만 내일을 믿고 가는 거죠.

불안할 거 같아요.
불안과 믿음 사이에서 줄타기를 하는 거죠. 세상에 긍정만 있거나 부정만 있으면 재미없잖아요. 그 사이 긴장을 즐기면서 가는 거예요. 위대한 왕 솔로몬이 이렇게 말했어요. 평생을 살며 행복한 순간을 모아봐야 하루가 채 안 된다고요. 그걸 알고 사는 것과 모르고 사는 것은 큰 차이가 있겠죠.

기쁨이 하루 분량이라면 나머지 대부분은 어떤 감정일까요?
무던한 거겠죠. 흔들리지 않는 마음 같은 것. 어제도 친구와 크게 싸웠는데, 아침에 일어나면 또 그 친구를 인정해요. 걔는 그렇게 생각하고 나는 이렇게 생각하니까 그걸 이기려고 하지 않아도 된다고 말이에요.

무던함이라는 말이 나와서 이어 질문해볼게요. 《방랑》에 죽음과 관련한 에피소드가 여럿 나와요. 절름발이 삼촌의 죽음, 참새의 죽음, 떨어진 벚꽃처럼 세상을 떠난 친구의 죽음. 죽음을 대하는 작가님의 태도가 궁금해요.
《나는 티벳의 라마승이었다》라는 책에 라마승들이 큰 연을 만들어서 하늘에 띄우는 장면이 나와요. 연이 크기 때문에 탈 수가 있는데, 연이 고꾸라지면 같이 떨어져 죽는 거예요. 거기에 "연이 떨어져 승려도 함께 죽었다."라는 문장이 나와요. 그런데 문장 뒤에 마침표를 찍고 다른 얘기로 진행돼요. 태연자약하게 죽음을 서술하는 거죠. 제가 올해 예순 살이에요. 만약 곧 죽음을 맞이하면 어떻게 될까 생각할 때면 그 문장을 떠올려요.

조용히 잠자듯이 오는 죽음처럼 말이죠?
그렇게 생각할 수도 있겠죠.

화제를 조금 전환해볼게요. 여행을 다니며 가장 관심이 가는 게 무엇인가요?
역시 사람이네요. 사람의 뒷모습. 뒷모습이 주는 무게감이 있어요. 삶의 무게, 응어리라고 할까요. 사람들의 뒷모습은 늘 쓸쓸해요. 뒤뚱거리는 아버지의 뒷모습을 보는 기분 같죠.

뒷모습이라면 정작 나는 볼 수 없는 내 모습이죠.
그렇죠. 다른 사람의 뒷모습에 내 감정을 투영할 수는 있겠죠. 그것도 일종의 공명이에요.

카메라 없는 여행도 하나요?
이번에 친구들과 카메라 없는 여행을 했어요. 예전에는 카메라를 두고 다니면 기가 막힌 장면을 놓칠 것 같은 불안이 있었는데, 이제는 없죠. 카메라를 들면 일을 하게 돼요. 일종의 자기 멍에 같은 거죠.

저는 사진가도 아니면서 카메라가 없으면 괜히 불안해하고 그래요(웃음). 이번 일본 여행은 어땠나요?
나오시마에 다녀왔어요. 예술 섬으로 만든 곳으로 안도 다다오의 지중 미술관도 있고 이우환 미술관도 있어요. 천천히 둘러보기 좋은 곳이죠. 그리고 테시마 섬의 미술관도 다녀왔는데, 맨발로 조용히 앉아 있으면 마치 성당에 있는 것처럼 경건한 마음이 돼요. 자신의 근원에 대해 생각하는 거죠.

근원, 일본이 제2의 고향이나 다름없으시죠?
1989년도니까 서른 즈음에 일본으로 건너가 정식으로 사진 공부를 했어요.

유학 1년 만에 니콘 살롱에서 개인전을 열었다고요. 아무나 할 수 있는 게 아니었다던데요.
아마 저를 가르치던 선생들도 남몰래 응모했을 거예요(웃음). 당시만 해도 니콘에서 전시하면 명실상부 실력 있는 놈으로 인정받은 거였으니 다들 부러워했죠. 열심히 준비하기도 했지만 운이 좋았어요.

전시와 관련해서 마쓰자키 선생과의 일화가 재미있었어요. 아주 괴짜 캐릭터더라고요.

당시에 선생이 니콘 살롱에서 전시를 하면 일을 맡기겠다고 하더라고요. 그래서 한 거죠. 전시 후에 전화를 했더니 선생이 말하길, 소도 뒷걸음질 치다가 쥐를 잡는다고 세 번은 더 전시하라는 거예요. 그때 아주 큰 배신감을 느꼈죠(웃음).

얄밉네요(웃음).
그렇죠. 하지만 프로로 성장할 수 있는 가장 기초적인 걸 가르쳐준 거죠. 스스로 실력을 키워서 인정받으라는 의미로요.

작가님 역시 지금 제자를 가르치는 입장에서, 아무래도 마쓰자키 선생이 생각날 것 같아요.
많은 영향을 받았죠. 직접 누군가를 가르쳐보니 더 크게 느끼게 돼요. 사진을 배우러 누구나 오지만 모두가 좋은 사진가가 되는 건 아니거든요.

전에 사진기 공부와 사진 공부가 다르다고 쓰신 글을 봤어요.
일반적으로는 카메라 사용법을 알려줘요. 조리개와 셔터 속도 같은 걸 가르치는데, 그것만 연마하면 사진을 잘 찍을 수 있겠죠. 하지만 좋은 사진가가 되기 위해서는 그보다 더 큰 공부가 필요해요. 사진 한 장에 철학과 인문학적인 자기 당위성을 담는 거예요. 왜 이렇게 찍을 수밖에 없는가에 대한 이유인 거죠. 그건 배짱이 필요한 일이에요.

어떤 공부가 필요할까요?
끝없이 질문하는 거예요. 예를 들어 수업 때 누군가 '현재'라는 단어를 썼어요. 그럼 당신에게 현재는 무엇인지 물어보죠. 현재를 지칭할 수 있는지, 무엇이라고 말할 수 있는지 말이에요. 그 단어를 썼지만 한 번도 진지하게 고민해본 적이 없다면 틀린 거겠죠.

언어에 대한 자기 확신이 중요한 거네요.
당연히 있어야죠. 저는 그들이 사유를 확장하고 견고하게 만드는 걸 도와주는 역할인 거고요.

기술자와 작가의 차이는 곧 인문학적 고민에서 비롯되는 거네요.
자기가 알고 있는 지식을 견고한 언어로 재무장하는 게 필요하죠.

그것에 대한 확신이 있나요?
그렇기에 지금 이렇게 떠들고 있는 것 아니겠어요? 나만의 방식으로(웃음).

좋네요. 아주 먼 과거에서부터 방랑이 시작됐잖아요. 그 마지막이 어디에 닿을지 궁금해요.
우리 모두 인생의 끝을 알죠. 저 역시 그 끝을 알고 있고요. 그렇기에 하루하루를 더 재미있고 즐겁게 살았으면 해요. 티베트 속담 중에 "걱정을 해서 걱정이 없어지면 걱정이 없겠네."라는 말이 있어요. 우리가 하는 걱정 중에 80퍼센트는 안 해도 될 걱정이고요. 그러니까 가능하면 걱정을 버리고 간다고 보는 거죠.

다음 방랑은 어디인가요?
인도예요. 첸나이에 초청받아서 사진도 찍고 전시도 하기로 했어요.

몸조심하세요.
괜찮을 거예요(웃음).

긴 바르셀로나 휴가를 통해 배운 것

오늘을 휴가처럼 보내는 법

옛 직장 동료들을 만나기 위해 점심시간에 맞춰 오랜만에 회사 앞으로 갔다. 점심을 먹으며 이야기를 나누는데, 대화 중간에 '워라밸'이라는 단어가 자주 들린다. 처음 듣는 말인데 신조어인가 싶다. "워라밸이 뭐야?", "'워크 앤 라이프 밸런스'를 줄인 말이야." 요즘 직장인들 사이에서 화두라고 했다. 일과 삶의 균형을 맞추는 일. 저녁이 있는 삶. 아 그렇구나 고개를 끄덕거리고는, 다른 이야기로 넘어갔다. 그런데 그 후로 한동안 '워라밸'이라는 단어가 문득문득 생각났다. 그리고 그때마다 우리가 살던 바르셀로나가 떠올랐다. 워라밸의 다른 이름은 바르셀로나가 아닐까. 그곳에서의 시간이 아니었을까.

글 **정다운** 사진 **박두산**

2년 간의
긴 휴가

바르셀로나에서 2년을 살았다. 외국에서 사는 건 조금 긴 여행과 비슷할 거라고 생각했다. 유럽식 아파트에서 잠을 자고, 낯선 시장에서 장을 보고, 새로운 재료로 요리를 하게 되겠지, 기대했다. 낯선 골목이 점점 익숙해지고, 돌아와 그 골목을 그리워하는 일이겠구나, 예상했다. 한국의 지루한 일상에서 벗어나고 오래 붙들려있던 고민들에서 홀가분해지는 일이라고도 생각했다. 드디어 긴 휴가를 얻었구나 여겼다.

초등학교에서 중학교, 고등학교까지 12년을 개근했다. 비교적 성실하게 대학을 다녔으며, 졸업 후 늦지 않게 취업을 했고, 남들과 비슷한 나이에 결혼했다. 꼬박꼬박 출근했더니 어느새 과장이라는 직책도 갖게 되었다. '과장님'이라는 호칭이 더 이상 어색하지 않던 어느 날 퇴사를 했다. 누군가는 용감한 결정이라고 했고, 또 다른 누군가는 이제 새로운 삶을 살게 되는 거냐고 물었다. 하지만 나는 남들이 가지 않은 길을 용감하게 가는 사람은 아니다. 다만, 가던 걸음을 잠시 멈추었을 뿐이었나. 가던 길에서 멈춰 쉬었을 때 무엇을 얻고 무엇을 잃을지는 잘 모르겠지만, 별일은 없을 거라고 낙관했다. 사실은 굶어 죽기야 하겠어 하는 심정이었던 것 같기도 하다.

긴 휴가를 보낸다는 마음으로 시작된 바르셀로나에서의 생활은 금방 지나갔다. 2년이 지나고 바르셀로나에서 돌아와 다시 한국에서 살고 있는 나에게 기대하던 시간을 보냈느냐고 묻는다면, 기대하지 않던 것을 알게 되었다고 대답하겠다. 외국에서 산다는 건, 그들의 시간대로 하루, 한 달, 일 년을 보내는 것이고, 살아야만 배울 수 있는 것들이 있었다. 지나고 보니 잃은 것은 승진과 연봉이었지만, 얻은 것은 생활 방식이었다. 휴가를 내야만 쉴 수 있다고 생각했는데, 일상에서도 쉴 수 있다는 것을 나는 바르셀로나에서 배웠다.

하루에
두 시간

스페인에는 '시에스타Siesta' 문화가 있다. 하루 24시간 바쁘게 돌아가는 지금도, 스페인 사람들은 낮 동안 짧게는 두 시간 길게는 서너 시간 하던 일을 멈추고 쉰다. 시에스타는 '낮잠 자는 시간'이라고 알려져 있지만, 사람에 따라 낮잠을 자기도 하고, 점심을 오래 먹기도 한다. 물론 점심을 먹고 이어 낮잠을 자기도 한다. 그 긴 시에스타 시간에 도대체 무엇을 하는지 직접 확인하고 싶다면, 썰렁한 골목을 벗어나 가까운 공원으로 가보면 된다. 식당에 가서 두 시간 동안 천천히 점심을 먹는 사람도 있지만, 바게트 샌드위치 같은 도시락을 들고 근처 공원 벤치로 가는 사람도 많다. 가끔은 접이식 의자를 들고 해변으로 가기도 하고, 집에 들러 개와 산책하기도 한다. 아무튼 일은 하지 않는다. 쉰다.

그래서 여행 와서 한창 돌아다닐 시간인 2시에서 4시 사이에 바르셀로나 거리를 걷다 보면 절반 이상의 가게가 아예 셔터를 내린 채 문을 닫아놓은 걸 볼 수 있다. 약국도 슈퍼마켓도 시장도 모두 닫기 때문에, 느지막이 일어나 뭐라도 살까 싶으면 언제나 '아, 맞다 시에스타.' 하며 다시 주저앉기 십상이다. 그러다 보면 내 하루도 덩달아 금방 가버린다. 한국에서 온 여행자들은 "이 사람들은 대체 언제 일하는 거냐."고 곧곧 했다. 그 질문에는 주로 부러움이 담겨지지만, 게으르고 한심하다 여기는 시선이 들어있는 경우도 많았다. 11시 정도에 천천히 문을 열고, 2시부터 4시까지 쉬고, 잠깐 다시 문을 열었다가 6시쯤 닫는 상점들이 나도 처음엔 조금 이해하기 어려웠지만, 2년의 시간 동안 천천히 익숙해졌다. 스페인 사람들은 남들 일하는 낮에 몇 시간 더 쉬면서도 다들 잘 지낸다.

일 년에 한 달,
일주일에 하루

다른 많은 유럽 사람들처럼 바르셀로나 사람들도 여름이면 한 달 이상 휴가를 떠난다. 그렇다고 여름이 못 견디게 무더운가 하면 그것도 아니다. 한국과 비슷한 온도인데 습도는 낮아 쾌적한 편이다. 아무튼 30도를 조금 웃도는 한여름, 8월에 영업을 하는 로컬 상점은 아주 드물다. 관광객들이 모이는 카페나 레스토랑도 예외가 아니고, 하다못해 아이스크림 가게도 여름마다 문을 닫는다. 매일매일 아침을 먹으러 가던 집 앞 빵집이 8월 한 달 동안 여름휴가를 가도 불평하지 못했다. 당연한 것을 아쉬워하는 순간 이방인이 되는 것 같았으니까.

또한 계절과 상관없이 일요일이나 공휴일은 다 같이 쉰다. 우리나라처럼 은행과 관공서만 쉬는 게 아니라 백화점도 문을 닫고, 브랜드 매장도 셔터를 내리고, 마트와 시장도 닫는다. 서점 같은 공간도 영업을 하지 않는다. 카페라테를 맛있게 만드는 작은 카페도 모조리 문을 닫는다. 그래서 친구와 일요일에 약속을 잡으면 갈 곳이 없어 한참 헤매야 한다. 그러니 일요일이면 공원에 사람들이 모일 수밖에. 그래서인가, 바르셀로나에는 공원이 정말 많았다. 주말이면 공원마다 다양한 연령대의 사람들이 저마다 놀이를 하며 시간을 보낸다. 개와 공놀이를 하기도 하고, 요가를 하고, 악기를 연주하고, 책을 읽고, 낮잠을 잔다. 나는 공원을 가로질러 걸을 때마다 바르셀로나에서는 노는 데 돈이 많이 들지 않겠구나, 쇼핑을 하거나 카페를 가고 영화를 보지 않아도 할 수 있는 일이 이렇게 많구나, 생각하곤 했다.

다시 돌아와
길을 걸으며

가던 길을 멈추고 잠깐 딴짓을 한다고 했을 때, 많은 사람들이 걱정했다. 사실은 우리도 우리가 걱정스러웠다. 하지만 마침 간 곳이 바르셀로나였고, 그곳에는 몸소 "괜찮다."고 말해주는 사람들이 있었다. 그들은 바르셀로나에서 출퇴근을 하는 생활인이고, 나는 하는 일이 많지 않은 사람이었는데도 그들이 나보다 더 잘 쉬며 살았다.

세계에서 가장 잘 쉬지 못하는 나라에서, 잘 쉬는 걸로는 어디 가서 지지 않을 나라로 와서 사는 동안, 성격 급했던 나는 일이 몰아치는 순간에 한숨 돌리는 법을 배웠고, 무리하게 시간을 보내려 하지 않는 한 나도 꽤 성격이 좋은 사람이라는 것도 알았다. 이 글을 쓰다가 졸음이 밀려와 잠깐 쓰는 걸 멈추고 이불을 펴고 낮잠을 잤다. 시에스타!

요즘 나는 주로 아르바이트를 하며 생활하지만 차장이고 팀장인 친구들과 나를 비교하지 않는다. 꼭 그래야 한다면 바르셀로나에서 살고 있는 친구들과 비교하는 편이 낫다. 걷다 멈추지 않아도 쉬는 법, 걸으면서 동시에 쉬는 법을 알고 있는 친구들. 목적지는 길 끝에 있는 게 아니고, 휴가처럼 보내는 오늘에 있는 게 아닐까. 나는 진심으로 그렇게 믿는다.

있잖아 A씨,
이런 휴일 어때

홀리데이를 보내는 공간 네 군데

A씨, 요즘 축축 처져 있는 것 같은데 기분은 괜찮은 거야? 혹시 무슨 일 있는 건 아니고?
마음에 응어리가 담기기 시작하면 저도 모르게 조금씩 굳어지는 법이야. 사람이 단단한 돌
덩어리 같아진다고. 이럴 땐 다 필요 없어. 자기가 좋아하는 것들이 잔뜩 모인 곳에 가서 휘
적휘적 돌아다니면 기분이 금세 나아지거든. 다른 게 휴식이 아니야, 그냥 내 마음 편해지
면 그게 최고의 휴식이지. 이런 데 가보는 건 어때? 내 말 듣고 있는 거지? 이것 좀 봐 봐.

에디터·포토그래퍼 **이자연**

Donggyo-ro 266

흑심
Black Heart Pencil Shop

'흑심'은 '누벨바그125' 한 켠에 자리한 연필 가게로, 디자인 스튜디오 '땅별메들리'에서 운영하고 있다. '누벨바그125'는 땅별메들리가 '아우레올라', '쾌슈퍼' 팀과 함께 꾸린 디자인 쇼룸이다. 프랑스 영화의 한 운동인 '새로운 물결New wave'을 뜻하는 누벨바그Nouvelle vague는 참신하고 새로운 디자인 물결에 동참하려는 의미를 담아 지었다.

왜 하필 연필일까. 연필을 쓰는 건 불편한 일이다. 돌려 깎고, 심지가 부러지지 않게 돌보고, 종종 잘 적히지 않는 종이 표면에 적당히 힘을 주기도 해야 한다. 언제 어디서든 간편하게 쓸 수 있는 형형색색의 볼펜에 비하면 연필은 여러 사정을 감수해야 한다. 하지만 이런 불편이야말로 오로지 연필에서만 느낄 수 있는 것이기도 하다. 연필깎이나 문구용 칼로 연필을 다듬는 데 들이는 시간을 떠올려 봐도 알 수 있다. 흑심이 너무 길고 삐죽하게 나오면 안 되고, 너무 뭉툭하면 끝을 착착 깎아줘야 한다. 게다가 뻑뻑한 심지에서 들려오는 사각사각 나무 소리는 이런 불편함을 모두 감수할 만큼 익숙하고 마음이 편안해지는 소리다. 연필이야 말로 인간의 손을 가장 닮은 물체이다. 인간의 주름을 그대로 껴안은 나무에서 탄생하는 것부터, 시간이 흐르면 뭉개지고 닳아 없어지고 마는 것까지. 인간과 오랜 시간을 함께한 몇 안 되는 물건 중 하나인 이유이지 않을까. 흑심에서 판매하고 있는 제품은 모두 빈티지 연필로, 1800년대 후반부터 1900년대 중반까지의 접하기 힘든 연필과 현재까지 맥을 이어온 연필도 만날 수 있다. 시대별로 연필 모양이나 쓰임, 숨겨진 이야기가 달라서 그런 걸 마냥 듣는 것도 재미있다. 아주 사소한 것에 기호가 분명한 사람들을 보면 왠지 유쾌한 삶을 살고 있을 것 같다. 가장 좋아하는 연필이 있는 사람, 내게 맞는 지우개가 있는 사람들처럼.

A. 서울시 마포구 동교로 266, 3층
H. ttangbyeol.com
T. 070 4799 0923

A에게 한마디
평소에는 볼펜만 썼으면서 여기에 들어가면 마치 원래 연필을 좋아한 사람처럼 굴게 된다니까? 그만큼 연필의 매력에 빠져버려. 전영록 씨가 그랬잖아. 사랑은 연필로 쓰라고, 홍홍!

블루 아워
Blue Hour

손으로 보내는 시간을 생각할 때가 있다. 무언가를 만들고 쌓고 담는 시간들. 그것은 결국 마음속의 소리와 멀어지는 시간이기도 하다. 한때 혼자만의 시간을 견뎌야만 했던 한 개그우먼이 말했다. "그때 너무 힘들어서 하루 종일 프라모델만 조립했어요. 아무것도 떠올리고 싶지 않았고, 생각하고 싶지 않았어요. 엄마는 그런 저를 보고 걱정했지만, 저는 그 시간이 무척 행복했어요." 돌이켜 보면 아무 생각도 하지 않을 수 있는 시간이 우리에게 얼마나 주어질까. 마음속에서 울려 퍼지는 목소리가 정말 내가 바라는 목소리일까. 우리는 거리가 필요하다. 복잡다단한 것들과 거리를 둬야만 한다.

'블루 아워'는 프랑스 감독 에릭 로메르의 작품 〈레네트와 미라벨의 네 가지 모험〉 중 한 에피소드의 이름이기도 하다. 영화 속 어린 여자애 두 명이 프랑스 작은 시골 마을에서 해뜨기만을 기다리는데, 바로 블루 아워를 보기 위해서다. 블루 아워는 새벽에서 아침으로 넘어가는, 하늘 색깔이 영롱한 분홍빛을 띠는 묘한 순간이다. 3~4분의 짧은 찰나로 아주 한정적인 시간이어서 더욱 의미가 있다. 이태원의 가구 거리를 따라 거닐다 보면 하얀 건물에서 이곳만의 블루 아워가 사람들을 기다린다. 작고 소담한 공간 안으로 큰 창이 여러 개 붙어 있어 저 먼 거리까지 쉽게 볼 수 있다. 어쩐지 이곳에서도 블루 아워를 목격할 수 있을 것만 같다. 블루 아워는 핸드 위빙Hand Weaving을 비롯해 베틀을 이용한 위빙 클래스를 진행한다. 사람들은 한자리에 모여들어 실의 색깔을 고르고, 좋아하는 모양을 상상한다. 평온한 기운이 그대로 깃든다. 단순 반복하는 일은 굳건한 고민에서 잠시 벗어나는 자유를 준다. 블루 아워를 지켜 나가는 상희 씨가 그랬다. 위빙은 마치 실로 그림을 그리는 일과 같다고. 손으로 할 수 있는 무수한 일 중에서 위빙이 사람들에게 전해주는 것은, 그러니까 멀어지는 것을 자처하는 용기다.

A. 서울시 용산구 보광로109 301호
H. blog.naver.com/lou1102

A에게 한마디
블루 아워에서는 위빙 클래스만 하는 게 아니라 도자기도 굽고 있어서 도자기 제품도 살 수 있어. 구경만 해도 마음이 편안해져. 실과 도자기. 너무 잘 어울리지 않아? 벌써 마음의 휴가다, 휴가야.

Yongsan-gu

Bogwang-ro 109

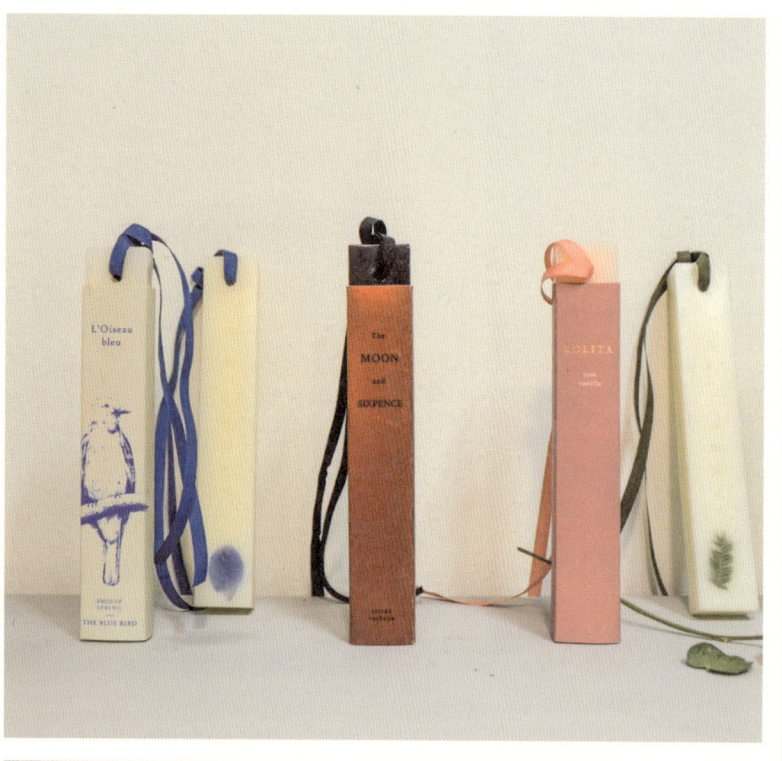

Eulji-ro 114-6

얼그레이&장롱
All gray&Jangrong

마음을 따뜻하게 해주는 것을 떠올려 본다. 나무, 유리, 천, 종이. 그 자체만으로 인간에게 유용하고 유의미한 것들. 자연과 가까운 물성의 재료이자 결과물인 것을 보면 잘 살고 싶은 마음이 느껴진다. '얼그레이All Gray'는 중성적인 느낌과 안정감을 담아, 일상의 미학을 발견하는 것으로 사람들을 반긴다. 같은 직장에서 만난 세 명의 동료가 서로의 취향을 담아 하나의 브랜드로 만들었다. 가방과 노트, 다이어리와 달력, 모빌과 은은한 왁스 타블렛까지. 일상의 자리를 내어주는 것들이 그곳에 있다. 서로의 눈을 바라보는 방식이 결국 얼그레이가 세상을 바라보는 시선이지 않을까 하는 생각이 들었다.

얼그레이와 한 공간을 나누는 '장롱Jangrong'은 모든 이들의 기억 너머에 있는 엄마의 장롱에서부터 비롯되었다. 나프탈렌 냄새와 엄마 냄새, 작지만 아담한 공간에 숨어 있던 기억들. 그 장롱 속에는 많은 물건이 있었다. 엄마의 소중한 장신구와 쉬이 꺼내보지 않는 편지나 지류들. 가장 소중한 물건을 차곡차곡 쌓는 공간이 바로 장롱인 것이다. 장롱에서는 어여쁜 마음을 담아 옷과 액세서리, 가방을 만든다.

쇼룸인 얼그레이아파트먼트를 찾으면 꼭 누군가의 방에 찾아간 느낌에 빠져든다. 친구의 방을 구경하는 어색하고 묘한 기분이 감돌아서, 이것저것을 마음에 담아 감상하게 된다. 편안하지만 낯선 분위기는 결국 차분한 공간의 기색을 만든다. 얼그레이와 장롱은 조금 같고 조금 다르다. 각자의 방향이 있지만, 이 공간과 브랜드를 통해 사람들이 휴식의 조각을 나누어 가지길 바라는 마음은 같다. 휴식은 결국 일상의 작은 균열을 고치고 수리하는 일인지도 모르겠다. 좋아하는 향을 맡고, 취향이 잔뜩 묻어나는 옷을 입고, 노트에 소설책의 문장을 적는 것처럼 말이다. 그리고 그런 일들의 교집합에는 얼그레이와 장롱이 있다.

A. 서울시 중구 을지로 114-6 홍원빌딩 504호
H. allgray.co.kr | Jangrong.co.kr
O. 목, 금 13:00~19:00

A에게 한마디

잠시 머무는 동안 차 한 잔이 나오면 사람들과 도란도란 이야기 나눠보면 좋을 거야. 아 참, 6월에는 장소를 이전할 예정이니까, 그 이후에는 꼭 SNS에서 공지를 보고 가야 해!

금옥당

충전과 휴식에 맛이 빠질 수 없다. 노곤해진 마음을 달래고 걱정을 늦추는 것은 단연코 달콤한 맛이다. '금옥당'은 연희동에 위치한 한식 디저트 카페로 팥죽과 양갱을 전문적으로 판매하고 있다. 양갱의 오리지널 버전인 통팥양갱부터 호두양갱, 제주녹차양갱, 라즈베리양갱, 밀크티양갱, 흑임자양갱 등 다양한 양갱을 즐길 수 있다. 금옥당의 양갱은 기존의 다른 제품과 달리 담백하고 고소해서 팥의 온전한 맛과 향을 누릴 수 있다. 녹차를 함께 곁들이거나 흰 우유와 짝꿍을 지어도 맛이 좋다. 금옥당의 구운 찰떡도 뜨거운 사랑을 받고 있는데, 백미찹쌀, 현미찹쌀, 흑미찹쌀, 소보로찹쌀로 취향에 맞춰 주문할 수 있다. 양갱의 퍼석거림이 마음에 들지 않을 땐 쫄깃한 구운 찰떡을 추천한다.

넓게 진열된 양갱의 틈을 비집고 안으로 향하면 금옥당의 정겨운 공간이 드러난다. 빈티지하고 깔끔한 인테리어가 돋보여서 마음을 한결 놓게 된다. 어떤 수필가의 글이 떠오르기도 한다. 바쁜 일상에서 두통이 찾아왔고, 고통에게 할애할 시간은 없던 그녀는 약국에 찾아가 두통완화제를 달라고 말했다. 그녀를 관찰하던 약사는 잠시 창가 자리에 앉아 있으라며 시원한 보리차 한 잔을 내어왔다. 두통은 잠시 지나가는 고통이니, 그만큼의 기다림을 주는 게 어떻겠냐는 말과 함께. 수필가는 그제야 지나다니는 사람들의 얼굴 표정이 보였고, 보리차의 시원하고 고소한 맛을 느낄 수 있었다고 한다. 우리는 종종 자기만의 시간을 쪼개 무언가에 빌려주곤 한다. 분 단위로 살아가는 삶에서 가장 귀한 것을 나누는 셈이다. 바쁘다. 좀처럼 일이 끝나지 않고, 가족은 자꾸만 나를 찾고, 하고 싶은 일은 또 어찌나 많은지 하루가 부족하다. 시간이 지어낸 틀을 깨고 벗어날 차례다. 금옥당은 여전히 조용하고 말이 없다. 그저 창밖으로 지나가는 사람들의 얼굴을 가늠하는 것만으로 충분하다.

A. 서울시 서대문구 연희로11라길 2
T. 02 322 3378
O. 수~일11:00~20:00

A에게 한마디

여기 쌍화차가 또 보통 쌍화차가 아니야. 뜨숩고 달달하고 친숙한 맛에 마음이 푹 놓이거든. 왠지 혈액순환도 잘 되는 것 같다니까? 양갱은 선물로도 좋아 보이던데, 내게 해보는 건 어때?

Seodaemun-gu

오늘의 주파수

라디오를 기억하는 방식

누군가 그랬다. 여행을 떠나면 꼭 현지 라디오를 듣는다고. 뜻 모를 말들,
동시대에 그곳에서 사랑받는 노래, 이름 모를 누군가의 사연, 경쾌한 광
고 소리. 그러고 보니 라디오는 언제나 우리의 휴일과 가까운 거리에 있
었다. 오늘의 주파수는 몇으로 정할까. 넌지시 건네는 행복한 물음이다.

에디터·포토그래퍼 **이자연**   자문 **MBC 라디오 PD 박정원**

라디오가
뭐라고

돌이켜 보면 무수히 많은 시간이 라디오로 채워졌다. 설이나 추석에 긴 여정을 떠나는 자동차 안에서 "잠깐만"
으로 시작하는 CM송이 흘러나왔고, 한산한 오후가 되면 분식집 안으로 유쾌한 사연이 뒤섞여 들었다. 라디오
퀴즈를 맞추려고 필사적으로 전화를 걸었고, 아빠는 이따금 라디오 드라마를 듣기도 했다. 스카치테이프로 다
쓴 테이프의 구멍을 막아 공테이프를 만들어서 좋아하는 노래를 녹음하기도 했지만, 동시에 라디오 프로그램
에 출연한 '울 오빠들' 목소리를 간직하는 방식이기도 했다. 고등학생 때 (그러면 안 되지만) 수업시간이나 야자
시간에 몸 뒤로 이어폰을 빼서 몰래 듣기도 했고, 중학교 동창은 라디오에서 노래를 불러 지금은 유명한 가수
가 되었다.

어느 날엔가 오랜만에 라디오를 켰을 때, 그래서 많은 사람들의 이야기가 작은 자취방을 가득 채웠을 때, 나는
이유 모를 안정감을 느꼈다. 사람의 목소리였다. 누군가 내게 말을 건넸고, 또 누군가 대답을 했다. 내가 직접
말을 섞지 않아도, 그들은 끊임없이 내게 말을 전했다. 인간으로 태어나 다양한 관계를 형성하며 배우고, 경험
하고, 실패하고, 즐거워하지만 전자 기기 너머의 누군가와 간접적으로 맺은 끈끈한 우정이 내게도 있던 것이
다. 사람이 본래 자기 이야기를 전하거나 경험을 공유하는 것을 좋아한다고 하더라도, 라디오를 통해서 사연뿐만
아니라 숱한 감정을 주고받는 모습이 어쩐지 귀엽게 느껴진다.

그러니 이건 개개인을 잇는 하나의 매개체다. 마포구에 사는 실연한 30대 아무개를 진심으로 위로하고 싶어지
고, 장안구에서 어제 퇴사한 20대 후반 청년을 축하하고 싶어지는, 아주 이상한 연결 고리. 라디오가 뭐라고.
그러게, 이게 뭐라고 어쩜 수많은 인류를 이리도 끈끈하게 만들고 있을까.

라디오와
숫자들

1895

1895년 이탈리아의 마르코니Marconi가 무선통신기를 발명하면서 라디오가 세상에 등장하게 되었다.

4

방송인 전현무는 MBC 라디오 〈굿모닝 FM 전현무입니다〉의 DJ로 새로 발탁된 이후, 생방송 4일 만에 지각을 했다.

50

1925년 11월 총독부 구내에 설치한 무선방송실험실에서 최초로 무선방송을 실험했을 때 출력은 50와트다.

870

1927년 2월 16일, 국내에 주파수 870킬로헤르츠의 첫 라디오 방송이 개시되었다. 초창기 라디오 방송은 한국어와 일본어를 혼합한 단일 방송이었다. 한국어와 일어 방송의 비율은 처음엔 1:3이었지만, 그 뒤 몇 차례 바뀌었다.

1920

전 세계에서 처음으로 방송 전파가 발사된 것은 1920년 1월, 미국 워싱턴의 아나고스티아 해군비행장의 군악대 연주 방송이었다.

1957

1957년 삼양전기, 1958년 금성사가 국내 최초의 라디오 생산 업체로 등장해, 수입한 부품으로 라디오를 생산하기 시작했다. 방송의 활성화와 더불어 국산품 제조로 수신기가 저렴해지면서 1960년대 이후 수신기 보급률이 급격히 증가했다.

29

1990년 3월 19일에 시작한 〈배철수의 음악캠프〉는 올해 29 년 차인 최장수 라디오 프로그램이다. 첫 방송 이후 단 한 번의 진행자 교체 없이 청취자들과 팝에 관한 이야기를 나누었다. 지난해 2017년 8월 3일 방송 1만 회를 맞이하기도 했다.

25

대중에게 뜨거운 사랑을 받은 〈별이 빛나는 밤에〉에서는 총 25 대의 DJ가 거쳤다. 오남열, 차인태, 이종환, 박원웅, 안병욱, 조 영남, 오혜령, 고영수, 이필원, 김기덕, 문진호, 이수만, 서세원, 이문세, 이적, 이휘재, 박광현, 정성화&박희진, 옥주현, 박정아, 박경림, 윤하, 허경환, 백지영을 이어 현재 강타가 진행 중이다.

1440

국내 라디오 방송 개시 일주일 후인 1927년 2월 22일, 등록된 라디오 수는 총 1440대였다. 이 중 일본인이 1165대, 한국인 이 275대를 보유하고 있었다.

1988

꾸준한 사랑을 받아온 〈여성시대〉는 1975년 〈MBC 여성살롱 임국희예요〉로 첫 방송을 시작해 1988년 〈여성시대〉로 이름 이 바뀌었다. 첫 방송부터 지금까지 사용하고 있는 〈여성시대〉 시그널 송은 시인이자 작사가인 조운파 씨가 가사를 지었다. 시 그널 노래의 원곡은 외국곡이다. "라랄랄라라라라라라랄랄라, 달 려가는 여성시대!"

라디오 뒤편에는

이따금 그곳의 사람들이 궁금해질 때가 있다. 그 출판사는 어떤 사람들이 모였길래 그런 책을 만들까, 그 영화사에는 어떤 목표를 가진 사람들이 있을까 하는 식의 상상이 덧붙여진 질문들. 그중에서 사람의 이야기를 전하는 사람들이 궁금해질 때가 있다. 라디오 제작진은 보통 PD와 작가로 구성된다. 제작진이 회의를 거쳐 프로그램과 시간대에 맞는 코너를 정하고 게스트를 섭외한 후, 코너에 맞는 대본을 쓰는 작업을 거친다. 그렇게 만들어진 코너가 방송을 통해 나가면 반응을 보고 코너를 수정하는 단계에 들어간다. 다른 콘텐츠와 마찬가지로 라디오 프로그램 역시 회의와 섭외, 구성을 통해 제작되는 것이다.

라디오의 꽃은 역시 선곡이다. 그날의 분위기, 사건과 사고, 일상의 흐름 등과 잘 연결된 것이 노래기 때문이다. 선곡은 예외적인 상황을 빼면 대부분 PD가 결정한다. PD는 진행자 섭외, 프로그램 기획을 비롯해 작가진을 꾸리는 등 프로그램의 큰 틀을 고려할 뿐만 아니라 그날그날 방송할 노래를 선곡하고 작가들과 원고 내용을 상의하는 등 데일리 업무도 진행한다. 즉 DJ가 방송할 수 있도록 모든 재료를 준비해주는 게 PD를 포함한 제작진의 할 일이다. 그 위에서 DJ는 준비된 원고와 음악을 바탕으로 진행을 이어간다. 노래를 트는 일은 콘솔에서 하는데, 프로그램에 따라 엔지니어나 PD가 한다. DJ가 직접 음악을 트는 경우는 거의 없다.

라디오를 들으며 누릴 수 있는 작은 재미가 하나 있다. 물론 철저히 청중으로서의 재미인데, 바로 크고 작은 라디오 방송의 실수를 목격하는 것이다. 열세 살 때인가 국민 오빠로 불리던 가수가 라디오 방송에 출연한 적이 있다. 역할극을 하면서 사연을 따라 읽는데, 하얀 피부에 고운 인상으로 인기를 끌던 그는 자신도 모르게 대사 끝에 자기 말을 넣어 버렸다. "아니라고, 새꺄!" 대본이 아니었냐고? 백 퍼센트 단언컨대 그건 대본이 아니었다. 왜냐하면 한참 정적이 흘렀기 때문이다. 10대를 대상으로 한 프로그램이라서 아마 내부에서 짧은 고난과 역경을 맞이하지 않았을까. 듣는 나는 재미있었지만, 후후!

남녀노소에게 문턱이 낮은 라디오는 큰 문제없이 재미있는 일만 가득해 보이지만 그 안에도 나름의 수고와 고생이 담겨 있다. 먼저 라디오 프로그램은 1년 365일 내내 방송되기 때문에 주말에도 본인이 맡은 프로그램이 잘 진행되는지 확인해야 하는 부담감이 있다. 또한 매일 방송을 책임져야 하기 때문에 갑자기 휴가를 내기도 힘들다. TV 프로그램의 경우 방송이 끝나면 일정 기간 쉴 수 있지만, 라디오는 그런 기간이 거의 없는 편이다. 무엇보다 매체가 다양해지면서 라디오가 설 자리가 점점 줄어들고 있는 현실 역시 라디오 제작자의 고충이다. 유명인이 아니더라도 자신의 콘텐츠를 자유롭게 확보할 수 있는 팟캐스트가 인기를 얻으면서, 대중은 프로그램을 선택할 수 있는 기회와 폭이 넓어졌다. 그래서 기존에 유일무이하던 선택권의 경계는 금세 허물어졌고, 사람들은 자신의 취향과 관심사에 맞춰 다른 선택을 하기 시작했다. 이런 현실은 방송사를 막론하고 수많은 라디오 제작자들의 가장 큰 고민이자 화두가 되었고, 자체적으로 TF를 꾸려 전략을 세우거나 내부 스터디 모임에서 고민을 나눈다. 참여율도 다르지 않다. 많은 사람들이 자기만의 생각과 경험을 노출하고 공유할 수 있는 채널이 다양해지면서 평균적으로 라디오 프로그램에 사연을 보내는 사람들도 조금씩 줄어들고 있다.

하지만 오랜 시간 라디오가 사람들의 곁을 지켜주었듯, 앞으로도 우리 곁에 자리할 것이다. 라디오가 다른 매체와 다른 점은 무얼까. 아마 사람 냄새일 것이다. 라디오에서는 DJ가 기분이 안 좋으면 안 좋은 대로, 좋으면 좋은 대로 그 감정이 그대로 전달된다. 목소리로 전달되는 감정은 속이기 어렵기 때문에 진실한 마음이 그대로 와 닿는다.

라디오이기
때문에

언젠가 친구 한 명이 말했다. 자주 듣는 라디오의 DJ가 며칠 전에 바뀌었는데 그 후유증이 너무 크다고 말이다. 평일 저녁 꼬박꼬박 일정한 시간을 함께 보내면서 저들은 둘만의 시간을 촘촘히 메워왔을 것이다. 언제 만나자고 약속을 했고, 그들은 지켰다. 서로가 없는 사람이면서, 서로가 있었다. 라디오이기 가능한 일들은 우리의 빈 시간을 알게 모르게 채우고 있었다.

고신형 | VFX디자이너

저는 조용히 각자의 자리에서 모니터를 보는 일을 하기 때문에 내내 라디오를 듣곤 해요. 몇 년 전에 라디오를 한창 듣고 있는데 저보다 어린 산모가 우울증이 심하게 왔다는 사연을 접했어요. 그래서 라디오를 듣는 게 요새 삶의 낙이라고 하더라고요. 그리고 다음 해에 같은 사람에게 사연이 왔어요. 건강한 아기 사진과 함께 잘 지내고 있다는 내용이었어요. 근데 그 사연이 그렇게 반가울 수가 없는 거예요. 이미 제가 그녀의 지인이 된 것처럼 말이에요. 정말 묘한 경험이었어요. 제가 일면식 없는 누군가와 함께 라디오를 통해 서로의 안부를 걱정하는 게요.

정혜미 | 에디터

아침 출근길에 차 안에서 라디오를 즐겨 들어요. 그날 그날 소식도 들을 수 있고, 길고 지루한 출근길이 노래와 이야기로 가득 차서 기분이 좋아지거든요. 어느 날엔가 비가 내릴락 말락 하는 우중충한 날씨였어요. 그날 김창완 아저씨 라디오를 듣는데, 조금 슬프고 서러운 사연이 나오더라고요. 그 이야기를 조용히 읽은 김창완 아저씨가 갑자기 '청춘'을 선곡하신다면서, 그 자리에서 기타를 퉁기며 노래를 부르시기 시작했어요. 기분이 무척 이상했어요. 그리고 절대 못 잊을 것 같았죠. 절대요.

이은별 | 게임개발자

대학생 때 중간에 편입을 준비했어요. 암담하고 우울한 하루하루였죠. 제가 의존할 수 있는 거라곤 아무것도 없었어요. 그때 라디오가 힘이 되었느냐고요? 아뇨. 그땐 절대 라디오를 듣지 않았어요. 대신 도저히 견디기 힘들다는 생각이 드는 날에 라디오를 들을 수 있는 시간을 내게 선물했어요. 잠들기 전 딱 한 시간. 군중 속 소외감에 빠져 지내던 때였는데 DJ가 전해주는 고운 이야기가 차곡차곡 쌓여 하나의 쿠폰처럼 느껴졌어요. 그 쿠폰이 가득 차면, 그럼 분명 나한테 좋은 일이 벌어질 거라고 믿었죠. 그리고 그 해에 드디어 학교가 바뀌었어요. 매일 도서관에서 김밥을 혀로 녹여 먹으며 지냈는데, 정말 기뻤어요.

이자연 | 에디터

열두 살 즈음인가, 제 방이 생기면서부터 라디오를 들었어요. 그땐 김동완 씨가 〈텐텐클럽〉을 진행하고 〈정지영의 스위트 뮤직박스〉로 새벽을 맞이하던 때였어요. 지금 생각해 보면 그때 사춘기를 거쳤던 것 같아요. 방문을 닫기 시작한 거죠. 라디오에서는 아침에 만난 오렌지 장수 이야기, 외로운 중학생의 고백, 엄마에게 전하는 비밀 같은, 나중이 되면 자연스레 잊어버릴 작고 소소한 사연이 나왔어요. 삶의 단편들을 그러모으면서 그 때를 조용히 보낸 것 같아요. 사춘기란 게 일부러 외로움을 자처하는 시간이잖아요. 혼자 있으려 애써 바깥보단 안을, 거실보단 방을 선택했는데, 어쩐지 라디오가 있어서 그렇게 외롭진 않았어요. 혼자 있는데도 말이에요.

Before and After

가져간 것과 가져온 것

무언가 비워내고 싶을 때, 떠났다. 마음은 가볍게 떠나 가볍
게 돌아오고 싶었지만, 몸이 지탱해야만 했던 무게는 그렇지
못했다. 떠나기 전 챙긴 물건들, 그리고 함께 돌아온 물건들.

에디터 김혜원 포토그래퍼 **Hae Ran**

호텔로
가져간 것

"여행이란, 리트레Littré 사전에 따르면 '어떤 곳에서 멀리 떨어진 다른 곳에 이르기 위하여 옮겨가는 과정'이다."라고 장 그르니에는 《일상적인 삶》에 썼다. 다른 곳에 이르기 위해 이곳을 떠나지만, 그래도 어쩐지 가방에 담게 되는 것은 지금 내가 발붙인 여기의 일상을 유지시키는 것들이다. 익숙한 향기와 익숙한 촉감의 어떤 것들. 그리고 조금 더 긴장하고 예민해질 감각을 위한 몇 가지 물건이면 충분하다. 지금 떠날 당신을 위한 일곱 개의 물건을 추천한다.

문고판 책 | 2만 8천원 | 펭귄북스

'셰익스피어 베케이션(영국 빅토리아 여왕이 관료들에게 준 유급 독서 휴가)'을 떠올리며 셰익스피어 4대 비극 시리즈를 챙긴다. 한 손에 들어오는 문고판으로 여행자에게 더없이 좋다. 게다가 예쁘기까지 하니 가지고 다니며 사진을 찍고 싶어질지도 모른다.

트래블키트 | 5만원 | 이솝

노트와 마스킹 테이프 | 각 2천원, 6천500원 | 올라이트

휴대가 간편한 이솝의 '젯 셋 키트Jet Set Kit'다. 클래식 샴푸와 컨디셔너, 제라늄 리프 바디 클렌저, 라인드 컨센트레이트 바디 밤, 4종으로 구성됐다. 오랜 비행이나 외출에 지쳤을 때 이 키트로 몸을 씻는 것만으로도 재충전된다.

일상적인 삶에서 벗어나 마주하는 고독은 새로운 욕구를 만든다. 그러니까 뭔가를 자꾸 쓰고 그리고 붙이고 싶어진다. 올라이트는 "모든 일을 기록하고 싶어 하는 기록광을 위한 문구 브랜드"다. 사소하지만 특별한 오늘을 쓰고 영수증을 붙이며 기록하기에 더없이 좋다.

수면 안대 | 2만 7천원 | 노리

빈티지한 색감의 나뭇잎 무늬가 멋스러운 수면 안대. 낯섦에 잠 못 드는 밤에 유용하다. 안대 안쪽은 목화솜으로 채워졌으며 눈에 닿는 부분은 잔잔한 주름이 있는 실크 소재로, 얼굴에 유분이나 땀이 많은 사람에게 추천한다.

잠옷 | 5만 9천900원 | 무인양품

휴가지에서 편안한 밤을 보내는 것은 중요하다. 다음 날 컨디션에 큰 영향을 미치기 때문이다. 무인양품의 잠옷은 잠옷의 바지허리 부분에 이음새가 없어 몇 번을 뒤척여도 거슬림 없이 편안하게 잘 수 있다.

스토리지 백 | 2만 8천원(블랙 색상) | 키티버니포니

캐리어 안을 단정하게 정돈할 수 있도록 도와주는 스토리지 백. 20X30센티미터, 35X40센티미터 두 가지 사이즈로 구성됐다(높이는 10센티미터). 겉옷과 속옷, 목욕용품 등을 구분해 담을 수 있다. 고밀도 나일론, 생활 방수가 가능한 원단에 손잡이가 있어 외출할 때도 유용하다.

일회용 카메라 | 1만 7천원 | 후지필름

현상소에 맡긴 필름을 기다리는 마음은 떠나기 전 설레는 마음과 비슷하다. 사이즈가 작고 가벼워 휴대하기 좋은 일회용 카메라를 챙겨보자. '퀵스냅'이라는 이름의 이 카메라는 작동이 쉽고 플래시가 내장돼 있어 어두운 곳에서도 찍을 수 있다. 모두 27장 촬영 가능하다.

집으로
가져온 것

여행에서 무언가를 산다는 것은 약간의 각오가 필요한 일이다. 다시 짐을 싸기 전 점검해야 할 것들이 서너 개쯤 거뜬히 늘어난다. 어떤 수고와 번거로움을 감수하고서 이 물건을 가방에 넣고 돌아온 이유는, 분명 있다. 당신이 산 기념품에 대해.

Questions
01 언제, 어디에서 구매한 것인가? **02** 이것을 데려온 이유가 있다면? **03** 당신의 공간에서 이것의 자리는?

사진책방 '이라선' 대표 김현국의 사진집

01 조엘 메이어로위츠Joel Meyerowitz의 《세잔스 오브젝트Cézanne's Objects》. 2017년 7월 남프랑스 아를에서 샀다. **02** 남프랑스 엑상프로방스에 있는 세잔의 작업실을 사진가 조엘 메이어로위츠가 찍은 사진집이다. 책이 발매되기 전이었는데, 조엘 메이어로위츠를 직접 만나 햇살 가득한 아를에서 이야기도 나누고 이 책의 사인본을 받아 왔다. 사진집을 펼치면 그때 장면이 펼쳐진다. **03** 내 방 책상과 사진책방 이라선에.

사진가 정유진의 화병과 문진

01 나무 화병은 3년 전 베를린에서, 사과 모양의 나무 문진은 작년 태즈매니아에서 구매했다. **02** 서울에서 부업으로 작은 빈티지 숍을 운영하고 있기 때문에 여행이나 출장을 갈 때마다 그 도시의 작고 큰 마켓이나 빈티지 숍을 둘러보는 게 큰 기쁨이다. 마음에 드는 곳에서는 지나치게 무겁거나 크지 않은 선에서 기념할 물건들을 사 오게 된다. **03** 작업실 좋아하는 선반 위. 나에게 기념품은 기분을 위해 구매하는 것이라 쓰임새와 상관없이 보기에 즐거워야 한다. 이곳저곳에서 사온 것이나 선물 받은 예쁜 물건들과 함께 올려두고 눈으로 보기만 해도 어느 정도 만족감을 느낀다. 물론 원래 용도대로 꽃을 꽂아두거나 종이를 눌러둘 때도 있지만.

라이프스타일 브랜드 '서울콜렉터' 대표 류화경의 러그

01 2017년 가을 네팔 카트만두에서. **02** 작년 출장 차 카트만두 양모 러그 공장에 갔을 때, 공장 옆 작은 마을에서 가족 단위로 모여 자수 러그를 만드는 모습을 우연히 봤다. 가족이 모여 함께 러그를 만드는 모습도 인상적이었지만, 같은 패턴이 만드는 사람에 따라 다르게 완성되는 모습에 큰 매력을 느껴 데려오게 됐다. **03** 침대 발밑, 슬리퍼와 함께.

디지털 콘텐츠 디렉터 전솔의 그릇

01 지난 2월 샌프란시스코 여행 때, 페리를 타고 30분이면 닿는 소살리토섬의 히스세라믹Heath Ceramics 본사 방문 후 구매했다. **02** 평소 예쁜 그릇을 한 점, 두 점 사 모으고 있었는데, 올해 말 결혼을 앞두고 있어 본격적으로 그릇 쇼핑을 시작하게 됐다. 소살리토에 히스세라믹의 본사와 공장, 쇼룸과 아울렛이 있다. 내가 좋아하는 부드러운 색감에 적당한 두께감까지 갖춘 도자기가 많아 몇 개만 고르기가 힘들었다. **03** 신혼집을 구하기 전까지는 아마 작업실 주방 서랍에 머물러야 할 것 같다.

디지털 에디터 황혜영의 향수

01 지난 2월 파리 마레 지구에 있는 불리Buly 매장에서 구매한 향수다. **02** 사실 몇 년 전 향수 알레르기가 생겨 향수를 뿌릴 엄두도 못 낸다. 한 펌프만 뿌려도 얼굴에 열이 오르면서 목에 두드러기가 올라온다. 그런데 친구가 구매대행을 부탁해 잠시 들린 매장에서 향과 패키지에 반해 덥석 두 개를 사버렸다. 기분을 내고 싶을 때마다 뚜껑을 열어 냄새만 살짝 맡고 다시 제자리에 둔다. **03** 예뻐서 사 온 만큼 화장대 위 눈에 잘 띄는 곳에 두었다. 내 방에서 나오던 언니가 자기 손목에 코를 대며 "이 향수 진짜 좋다."고 말하기 전까진…. 지금은 서랍 속 깊은 구석에 숨겨져 있다.

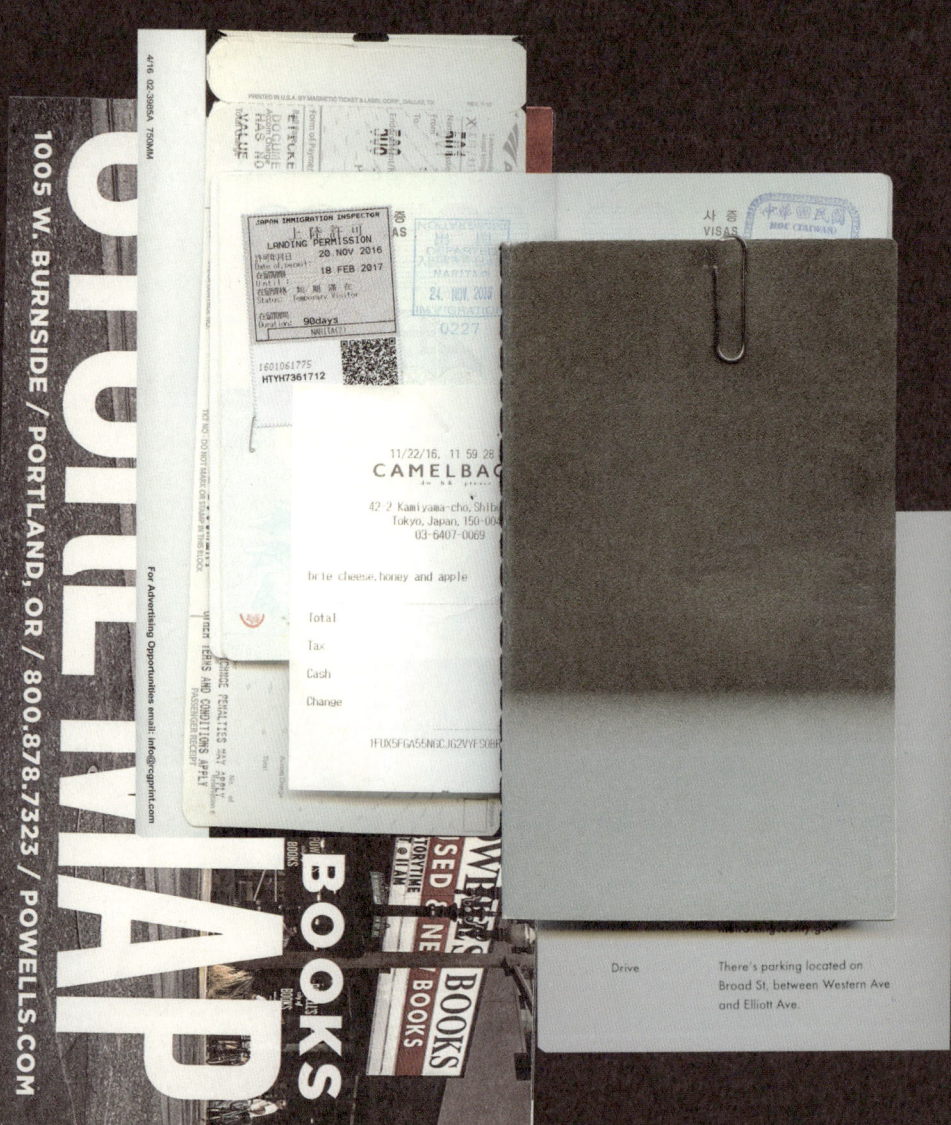

당신이 누구든,
그곳이 어디든

여행 노트

언제 어디서나 무언가를 보고 있지만, 왜 여행은 우리가 보는 것들을 그토록 낯설게 만들까. 그리고 선명하게 남을까. 새롭게 들여다보게 된 나의 마음, 거리의 풍경, 마주치는 사람들…. 어디서든 무언가를 쓰고 그릴 수 있지만, 여행지에서 마주한 것들은 이렇게 특별하다. 당신이 누구든, 그곳이 어디든 말이다. 다섯 사람이 응시하고 발견한 순간을 담은 다섯 개의 여행 노트.

에디터 **김혜원**

정수진
디렉터

정수진은 그가 속한 회사 내에 있는 패션 브랜드의 잡화 아이템을 디렉팅하는 디렉터다. 그리고 자신은 물론 다른 이들을 기쁘게 하는 방법을 아는 여행자다. "Good morning."이라고 말하는 캐릭터가 그려진 메모지, 손으로 오린 듯 가장자리가 매끄럽지 않은 고양이 모양의 종이 위에 올려둔 팁과 곁에 놓인 "Thanks."라고 쓴 말풍선. 이는 그가 호텔에 두고 떠난, 사진으로만 남긴 것들이다. 그의 여행 노트는 그 자신의 것이면서 때로는 다른 이의 선물이 된다.

언제부터 여행 노트를 쓰기 시작했나요? 2010년부터인 것 같아요. 여행과 출장을 다니며 그곳에서 지낸 기억을 남기고 싶어서 일기를 쓰듯 시작하게 됐어요. 여행 갈 때 노트와 그릴 거리를 챙기지 않으면 왠지 불안하고 허전하고, 이제는 어느덧 작은 습관이 됐네요. 최근에 다녀온 여행은 일본 도쿄로, 4박 5일간의 출장이었어요.
주로 무엇을 기록하나요? 그날 가본 맛있는 식당이나 다시 가고 싶은 찻집에 대한 기록을 남기기도 하고, 출장 첫날 시장조사를 하고 사고 싶은 걸 쇼핑 리스트로 그려뒀다가 다니는 내내 보이면 하나씩 사 모으기도 해요. 출장으로 간 곳에서는 대부분 옷이나 액세서리에 대한 리스트업이 많긴 하네요. 그리고 함께 여행을 온 친구들을 그리기도 합니다. 여행 중엔 평소와 다른 표정, 다른 순간이 보이거든요. 근래에는 트래블 팔레트(작은 사이즈의 붓과 팔레트 세트)를 챙겨 다니면서 쉴 때 동행자를 그리고 여행이 끝나면 짧은 메모를 써서 돌아가는 비행기에서 선물하기도 해요. 순간을 공유하던 사람들에게도 기억이 될 만한 뭔가를 남겨주고 싶거든요.
언제 노트를 쓰는 편인가요? 비행 시간이 길 때는 비행기 안에서 쓰기도 하고, 큰 가방을 들고 나가는 날에는 노트를 가방 안에 넣고 다니다가 차 마실 때 잠깐 적기도 해요. 그래도 대부분은 하루를 마치고 호텔로 돌아와서 잠들기 전인 것 같아요.
여행 노트와 관련된 기억에 남는 순간이 있나요? 몇 년 전 혼자 볼로냐로

출장을 갔는데, 그해에 유독 눈이 많이 와서 며칠 동안 비행기가 연착되고 결항했어요. 그날도 '오늘은 비행기가 뜰 수 있을까?' 하며 짐을 챙겨 공항에 갔죠. 제 생일이었어요. 역시나 비행기는 뜨지 않았고, 공항에서 속상하고 슬픈 마음에 여행 노트에 "슬픈 내 생일…."이라고 그림일기를 쓰고 커피를 사러 나오며 노트를 깜빡 잊고 두고 왔어요. 그런데 함께 비행기를 기다리던 분이 저를 알아보고 노트를 찾아주셨어요. 그러면서 저에게 "Today is your birthday? Happy birthday!" 하시는 거예요. 혼자 남겨진 공항에서 낯선 이에게 받은 따뜻한 생일 인사와 잃어버릴 뻔한 여행 노트를 다시 찾은 특별한 생일이 되었어요.
여행 노트를 만드는 것은 자신에게 어떤 의미인가요? 노트는 내 기록의 친구이기도 하고, 일상을 떠나 다른 세상에 갔을 때 마주한 내 감정을 담는 가방 같기도 해요. 여행에서 느낀 행복을 그곳에 두고 오기엔 아깝죠. 담아 와야죠. 그래야 나중에 꺼내 볼 수도 있고요. 노트의 기록에는 해상도 좋은 사진으로도 다 표현해내지 못하는 개인의 특별한 서사가 담겨 있다고 생각해요.
여행 노트로 선호하는 노트나 형태가 있나요? 무겁거나 너무 두껍지 않은 게 좋아요. 한 손에 딱 들어오는 사이즈면 더 좋고요. 요즘은 글로 남기는 것보다 한 장짜리 그림을 그리는 경우가 많아서 선이 없는 스케치북 같은 형태의 노트를 쓰고 있어요.

손은경
일러스트레이터

한 명의 철학가와 세 명의 작가를 다룬 책의 표지, 네 이름으로 나를 불러달라고 하는 영화를 소개하는 팸플릿, 우연히 넘겨본 잡지의 한 부분에 손은경의 그림이 있다. 쓱싹쓱싹 소리가 날 것 같은, 선을 그대로 드러낸 그의 그림들은 거친 듯 부드럽다. 그가 가진 다정한 시선 덕분일 테다. 그 시선은 마카와 색연필로 남긴 그의 여행 노트에서도 드러난다.

이 노트는 언제 어디로 떠난 여행의 기록인가요? 작년 9월 런던, 암스테르담 그리고 베를린의 기록입니다.

주로 무엇을 기록하나요? 순간순간의 감정을 글로 쓰거나 아름다운 것을 그림으로 남겨요. 가끔 잊지 않고 기억해야 하는 것도 적어 두고요. 동행자와 나눠야 할 잔돈이 있다거나 바나나는 A 마트보다 B 마트가 더 싸다, 같은 것들이요.

언제 노트를 쓰는 편인가요? 때가 따로 있지는 않았지만, 일과를 시작하거나 마무리할 때 노트를 펼친 것 같아요.

여행 노트와 관련된 기억에 남는 순간이 있나요? 긴 여행 동안 늘 친구와 함께였는데, 암스테르담에서 딱 하루 혼자만의 시간이 생겼어요. 목적지 없이 이리저리 걷다가 추워서 제일 먼저 들어오는 트램에 무작정 올라탔어요. 그때 대각선 앞으로 보이는 아저씨의 책 읽는 뒷모습이 멋져서 허둥지둥 그림을 그린 게 기억에 남아요. 그림을 완성하기 전에 내리실까 봐 거의 크로키 수준으로 러프하게 그렸는데, 다 그리고 나서 인증 사진까지 찍고 나니까 거짓말처럼 아저씨가 내리시더라고요. 그날 하루가 통째로 마음에 들어서 그림을 인스타그램에도 업로드했어요.

여행 노트를 만드는 것은 자신에게 어떤 의미인가요? 귀여운 것, 신기한 것, 놓치고 있던 것. 일상에서 볼 수 없고 느낄 수 없던 것들을 수집하는 재미요. 이번 여행에서는 방문하는 뮤지엄 아트 숍의 종이봉투, 사람들 뒷모습 사진, 새로운 (의미의) 단어, 동행자의 사소한 버릇을 수집했어요.

여행 노트로 선호하는 노트나 형태가 있나요? A5 크기 정도의 무지 노트나 드로잉북을 챙깁니다.

박진영
작가

글을 쓰고 그림을 그리는 박진영은 로스앤젤레스를 베이스로 활동한다. 2017년, 에세이, 단편소설, 사진 등 형태에 구애받지 않고 다양한 접근으로 돌을 다룬 첫 번째 책《펠트》를 출판했으며, 지금은 두 번째 책을 준비하고 있다. 무엇이든 잡동사니처럼 쌓아두고 시간이 지나 표면 아래로 내려앉으면 그때 다시 되돌아본다는 그는 여행에서 돌아와 지난 순간을 그림으로 기록한다.

이 노트는 언제 어디로 떠났던 여행의 기록인가요? 2017년부터 오늘까지 방문했던 곳들. 캘리포니아주 라호야 해변과 샌프란시스코, 일본 교토와 나오시마, 우리 동네 등 순서 없이 내키는 대로 그린 거예요.
주로 어떤 것들을 기록하나요? 여행 도중 찍은 사진들을 '재기록' 하고 있어요. 파일로 컴퓨터를 떠도는 게 아까워서 그러는 것일 수도 있겠네요.
언제 노트를 쓰는 편인가요? 여행에서 돌아와 집이나 동네에서 그림을 그리는 경우가 더 잦아요. 여행 도중에 노트를 펼친다 해도, 지난 여행에서 찍은 사진을 들춰보면서 과거를 기록하는 편이에요.
여행 노트와 관련된 기억에 남는 순간이 있나요? 2017년 8월 교토. 일어나면 공중목욕탕에서 몸을 씻고 안 먹던 아침밥을 매일 같이 챙겨 먹을 때였어요. 기이한 시기였죠. 그때 다이마루 백화점 뒷골목에 있는 신신도 빵집을 자주 들렸는데, 그곳 창가 자리에서 그 노부부를 처음 봤어요. 흰 야구모자를 쓴 청바지 차림의 할아버지와 가지런한 소지품을 훤하게 드러낸 PVC 핸드백을 가진 할머니. 순간, 같은 곳 비슷한 시간에 다시 볼 수 있을

거란 생각이 들었고 그렇게 저희 부부는 그날부터 그곳 창가 근처 자리에서의 아침 식사를 고집하게 되었어요. 감사하게도 빵은 늘 맛있었고, 신신도 히가시노토인점의 노부부는 반복되는 풍경이었어요. 오늘도 아마, 일본 감성의 미국식 조식에 커피를 드실 거예요. 아, 그 사실을 확인하는 게 전부일 줄 알았는데, 마침 교토를 떠나는 날 할머니가 저희를 알아보셨어요. 몰라서 더 아름다운 일어로 조곤조곤 인사를 건네셨죠. 아마 귀엽다고 하신 것 같은데, 그때 알게 되었어요. 우리는 교토의 한 평범하고 멋스러운 노부부의 아침을 보내고 있구나, 잠깐이지만 귀여워지고 있구나.
여행 노트를 만드는 것은 자신에게 어떤 의미인가요? 손에 묵직하게 잡히는 물건에 대한 욕심이 있어요. 그래서 그런 것을 만들고, 남기려 해요.
여행 노트로 선호하는 노트나 형태가 있나요? 작고 귀여운 걸 좋아하는데, 노트는 그런 걸 사게 되면 관상용으로 썩히게 되는 것 같아요. 적당히 크고, 가방에 들어가고, 얇은 종이에 잉크가 다음 장으로 스미지 않으면 좋겠죠. 하지만 딱히 기준은 없어요.

유지혜
작가

유지혜는 《조용한 흥분》, 《나와의 연락》, 두 권의 여행책을 낸 작가다. 책에는 꼭 맛봐야 할 음식이나 가봐야 할 장소가 나열되어 있지는 않다. "바라고, 당하고, 잊히고, 흩어지고, 부대끼면서" 만난, 결코 우리와 다르지 않은 한 사람의 성장통이 여행기라는 이름으로 담겼을 뿐이다. 여행을 통해 스스로에게 안부를 보내는 그 여행기를 읽으면, 나도 길가의 카페에 들어가 노트를 펼치고 싶다.

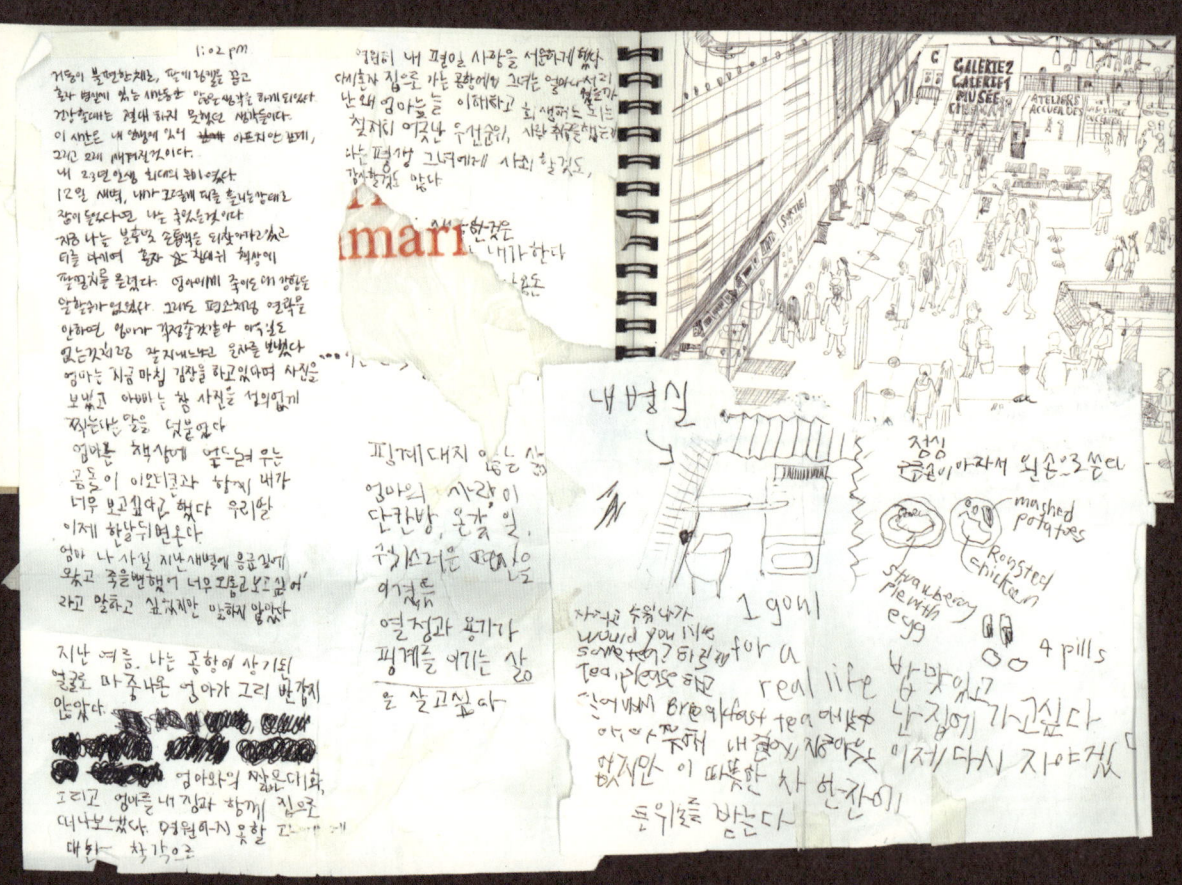

이 노트는 언제 어디로 떠난 여행의 기록인가요? 2015년 파리와 런던 여행의 기록이에요.

주로 무엇을 기록하나요? 오늘 간 곳, 본 것, 먹고 마신 것, 만난 사람, 마음가짐, 다짐, 여행 중 읽은 책의 글귀, 영화 대사, 자잘한 쇼핑 목록, 익숙해진 숙소 주변 지도, 동네 카페 주소, 대화, 아이디어 등 쓰고 싶은 것이라면 무엇이든 적습니다.

언제 노트를 쓰는 편인가요? 언제나. 스시집에 앉아서도 쓰고, 지하철에서도, 카페에서도, 호스텔에서도, 미술관에서도 써요. 하루의 시작과 중간, 끝의 구분 없이 생각나는 것을 항상 쓰고 있어요. 주로 혼자 다니기 때문에 노트에 무언가를 적는 건, 내가 나와 말하는 행위 같아요.

여행 노트와 관련된 기억에 남는 순간이 있나요? 여행 도중 몸 상태가 심각하게 나빠졌을 때 병실에서 쓴 일기가 기억에 남아요. 수혈 때문에 부은 오른손을 대신해 왼손으로 삐뚤빼뚤 썼죠. 펜도 노트도 챙겨올 수 없었기 때문에 간호사분께 펜과 A4 종이를 부탁했어요. 서럽게 울면서도 그 시간이 만족스러웠어요. 그 일기는 처절하고 외로워서 더욱 소중해요. 그때 여행과 삶이 다르지 않다는 것을 뼈저리게 느꼈고, 그 모든 것을 기억하고 싶어서 아주 많이 적었어요.

여행 노트를 만드는 것은 자신에게 어떤 의미인가요? 자유의 선물. 쓰는 것은 생각과 내 가능성을 자유롭게 해요. 특히나 여행에서 느낀 모든 것을 세세히 기억하고 흡수할 수 있게 해서, 기록이 없다면 제겐 여행도 없어요. 그리고 무엇보다 쓰는 행위가 너무나도 재미있어요. 추억하기 위해서, 다시 들여다보기 위해서뿐이 아니라 그 순간에 빠져있고 싶기 때문에 써요.

여행 노트로 선호하는 노트나 형태가 있나요? 장수가 많고 재질이 부드러운 노트를 좋아해요. 크기는 다양해요. 브랜드를 꼽자면 무인양품의 스케치북과 노트를 좋아합니다. 거칠게 갈겨써도 좋은 재질이에요.

김유진
카피라이터

'Moment Collector'. 김유진의 SNS 자기소개란에 카피라이터와 나란히 적힌 단어다. 일상이든, 스마트폰 속 세상이든, 그가 모은 사진과 문장을 보고 '아!' 하는 감탄사가 나올 때가 많다. 그가 여행을 떠나 노트에 남긴 기록도 다르지 않을 것이다. 김유진이 찾은 영감은 인스타그램에서 '#오늘의영감님'이라는 해시태그로도 볼 수 있다.

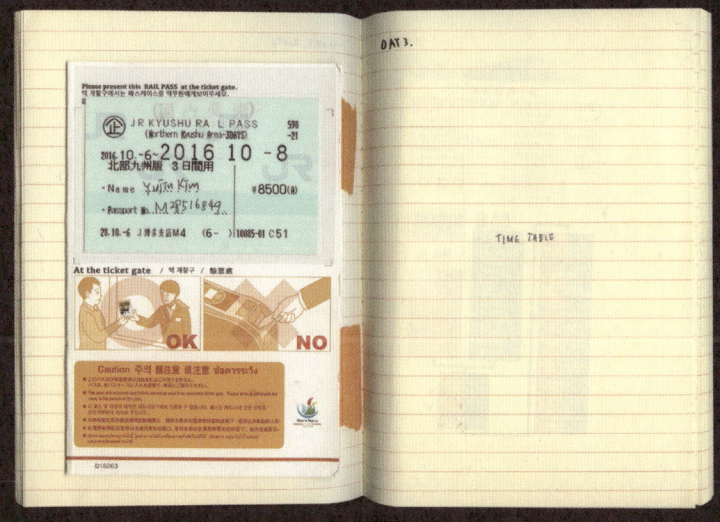

이 노트는 언제 어디로 떠난 여행의 기록인가요? 2016년 10월 규슈 여행의 기록입니다.

주로 무엇을 기록하나요? 그날의 루트, 인상적인 장면과 사람들, 읽고 있던 책 등이요.

언제 노트를 쓰는 편인가요? 커피를 마시며, 혹은 샤워 후 맥주를 마시며.

여행 노트와 관련된 기억에 남는 순간이 있나요? 구마모토의 나쓰메 소세키 옛집을 찾아간 날이요. 인적 없는 길, 땡볕에 모기에게 다리를 내주며 걸어 걸어 도착했는데, 휴관일이었어요. 바로 전에 들른 구마모토성도 보수 공사로 막혀있던 터라 더 맥이 풀렸어요. 그대로 돌아가려고 했는데 정원 문이 열려있더라고요. 손바닥만 한 정원을 서성이며 작가의 집을 바라보다 나오는데 단정하게 차려입은 일본 할머니께서 말을 걸어오셨어요.

"여기, 오늘 안 연 건가요?", "그런 것 같네요. 하지만 정원을 볼 수 있던데요." 대화와 함께 서로 겸연쩍은 미소를 주고받았어요. 전날 밤 노트에 옮겨 적은 《풀베개》의 구절이 떠오르며, 하루의 허탈함이 녹아내린 순간이었어요.

여행 노트를 만드는 것은 자신에게 어떤 의미인가요? 기억력이 나쁜 나를 위한 단서. 또 기록하고 그 조각들을 잇다 보면 전혀 새로운 방향으로 생각이 나아가기도 해요.

여행 노트로 선호하는 노트나 형태가 있나요? 한 손에 들어오는 크기의 작고 얇고 가벼운 노트요. 가방이 무거우면 행동력이 떨어지니까요. 보통 여행 첫날 문구점을 찾아서 그런 노트를 구해요.

다시 만난 시간

사진가 한영수의 한강

눈을 마주친 검은 옷의 남자는 곧바로 시선을 돌렸다. 아마 그랬을 것
이다. 1958년에서 1963년 사이의 어느 날, 서울 노들섬이었다. 사진
가 한영수가 포착한 한강에서 흐른 시간을 본다. 시간 여행을 떠난다.

에디터 **김혜원**   사진 제공 **한영수문화재단**

서울 노들섬 Nodeulseom, Seoul 1958~1963 © 한영수문화재단 제공

서울 노들섬 Nodeulseom, Seoul 1956~1963 © 한영수문화재단 제공

서울 노들섬 **Nodeulseom, Seoul** 1958~1963 ⓒ 한영수문화재단 제공

서울 한강 **Hangang River, Seoul** 1959 ⓒ 한영수문화재단 제공

버스에서
한영수를 떠올리다

매일 한강을 본다. 서울로 상경한 10년 전부터. 지하철 7호선에서 2호선으로, 153번 버스로, 나의 두 다리로, 수단을 바꿔가며 매일 한강을 건넜다. 강은 흐른다. 그래서 세월 같다고 했다. 세월처럼 멈추지 않고, 비극과 희극의 역사를 저 아래 바닥에 쌓아둔 채 조용히 흐를 뿐이라고. 한강이 품고 있는 시간에 대해 생각해본다. 기적이라든가, 둘로 나눈 어떤 욕심 같은 것들. 한강은 그대로 아름다운데 욕심 많은 내가 투영하는 것은 아름답지 못하다. 그러다 한강으로 단단한 시선을 던진 한 명을 떠올린다. 한강의 바닥에서 사진가 한영수의 시간을 끌어올린다.

1953년 전쟁이 멈췄다. 사진가 한영수는 1956년부터 1963년까지 한강과 그 주변에서 살아가는 사람을 찍었다. 사진에 대해 말해볼까. 한 남자가 배 위에 올랐다. 양쪽으로 뻗은 팔로 짐작하건대, 그는 곧 물로 뛰어들 참이다. 한영수는 그보다 높은 곳에서, 팔을 뻗은 매처럼 그를 보고 지켜보고 있었을 것이다. 그곳은 어디인가. 한강이다. 노들섬이다. 왼쪽에서 오른쪽으로 세 명의 아이들이 스케이트를 타고 길을 가로지른다. 그 뒤로 오른쪽에서 왼쪽으로 다리 위를 달리는 차들이 보인다. 아이들이 걷는 길은 어디인가. 한강이다. 1959년이다.

나는 한 번도 이런 한강을 상상해본 적이 없다. 그런데 한영수는 보여준다. 상상하지 못하던 한강이 실재했음을. 이곳이 평행우주 속 서울이 아니었다고 말이다. 여름이면 꽃무늬 원피스를 입고 선글라스나 양산을 쓴 여자들이 군자동을 거닐고, 부산 해운대를 떠올리게 할 만큼 많은 인파가 뚝섬에서 수영을 즐기고, 그래서 모래사장 위에 검은색 튜브가 판매대에 놓인 도넛들처럼 많다고. 얼어붙은 강, 쌓인 눈 위에 찍은 수많은 발자국을 보여준다. 8년 동안 기록된 한강의 사계. 1995년에 개봉한 〈스모크〉라는 영화가 있다. 주인공이 담배 가게 주인이다. 담배 이야기를 하려는 건 아니고, 주인공은 13년 동안 매일 자신의 가게 앞에 서서 사진을 찍는다. 기록한다. 그러니까 한강이 한영수에게는 담배 가게 앞 같은, 세상 일부분인 동시에 자신만의 사진 스튜디오였을 것이다.

한영수의 사진이 단지 기록으로 의미 있는 것은 아니다. 아름답다. 처음 그의 사진을 보았을 때를 기억한다. "와, 좋다."라고 내뱉은 혼잣말을 기억한다. 그 좋음을 어떻게 설명할까. 단순히 취향으로 치부할 수 없는, 그의 시선이 나에게 던져준 여러 놀라움을. 프랑스 출신의 아티스트 에밀 루비노의 말을 빌린다.

"그의 작품에 대해 이야기할 때에 서로 다른 몇 가지 방향성을 생각해볼 수 있다. 작가의 사후에 정리된 이 사진들은 매우 다양한 레퍼토리를 보여주고 있으며, 그 덕에 어떤 한 가지 지배적인 경향을 뽑아내는 것은 쉬운 일이 아니다. 어떤 사진에서는 로버트 프랭크Robert Frank나 게리 위노그랜드Garry Winogrand를 연상시키는 명확한 스냅샷의 미학을 보여주고 있

으며, 어떤 경우에는 보다 안정적이며 단순하기도 하다. 그의 수직 구도와 기묘한 시점은 구성주의 사진가 알렉산더 로드첸코Alexander Rodchenko와 닮아 보이며, 어린이를 담은 따뜻한 사진들은 헬렌 레빗Helen Levitt이나 휴머니즘 작가 윌리 로니스Willy Ronis를 쉽게 떠올리게 한다. 많은 사진에서 그는 벽면이나 창문, 출입구, 천막 등을 이용해 회화적인 표면을 만들어 내거나 화면 구성을 위한 장치로 활용하고 있는데, 이러한 것은 사울 레이터Saul Leiter를 연상시키기도 한다."

에밀 루비노가 한영수에 대해 쓴 글 중 가장 좋아하는 구절은 여기다. "김홍도와 신윤복이 그린 그림은 기묘하게 높은 시점으로 인해 (중략) 수평선이 없는 회화공간을 연출하고 있다. 텅 빈 공간을 담아내거나 대략적인 윤곽선을 통해 벽이나 언덕의 위치를 넌지시 보여주는 이 그림들은 한영수가 강을 찍은 사진들과 강렬하게 연관되어 있다." 혜원 신윤복은 200년 전 서울을 살았다. 한영수의 한강을 보며 몇 겹의 한강을, 서울을 본다.

오늘도 역시 한강을 건넌다. 한강을 보며 흑백 사진 속 한영수의 한강을 덧댄다. 버스 안에서 시간 여행을 떠난다. 그리고 바란다. 내가 지금 던지고 있는 이 시선 끝이, 60년 전 한영수가 던진 그 시선에 한 번쯤은 맞닿았기를.

시간 속의 강 Time Flows in River
| 한스그라픽

《시간 속의 강》은 시중에 출판된 한영수의 사진집 세 권 중 가장 마지막에 묶인 책이다. 제목에서 알 수 있듯, 사진집의 주제는 한강이다. 한영수의 사진을 한강을 중심으로 모았다. 1950~1960년대의 아름답고 근사한 한강, 사소하고 일상적인 강 주변 사람들의 모습이 192페이지에 걸쳐 흑백 사진에 담겼다. 사진가 한영수에 대한 일반적인 설명을 이곳에 덧붙이자면, 한영수는 1933년 태어나 우리나라 최초의 리얼리즘 사진 연구단체인 '신선회'에서 사진가로서의 활동을 시작했다. 그리고 1960년대 경제의 급격한 성장과 함께 우리나라 광고 및 패션 사진에 선구자적인 역할을 했다.

얼굴 없는 스승에게

《더불어숲》에 부쳐

세계를 유랑한 시대의 지성, 故 신영복 선생에게 편지를 보냅니다.

에디터·포토그래퍼 **김건태**

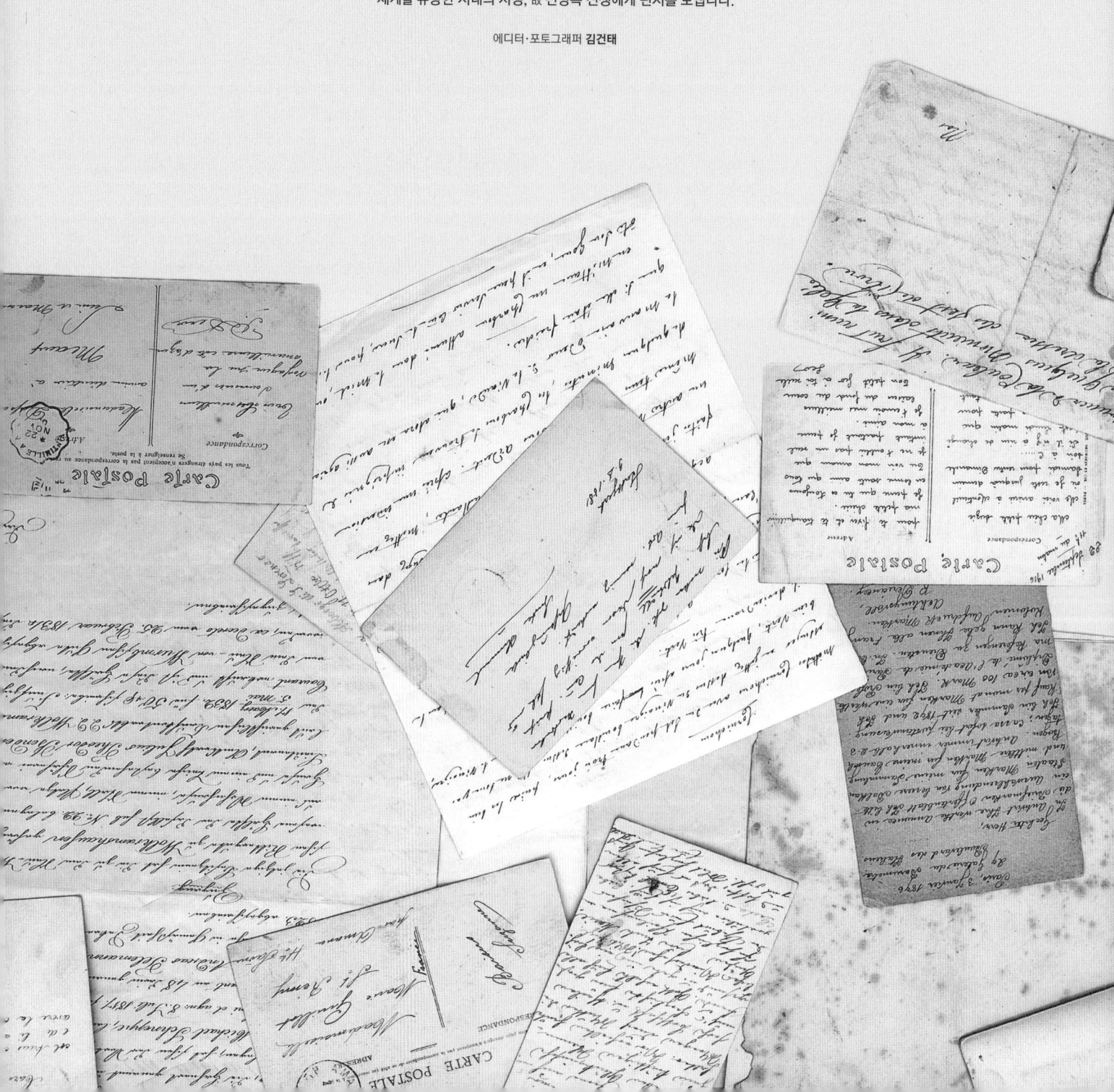

얼굴 없는 스승에게

아마도 선생께서는 저를 모르실 겁니다. 저 역시 선생을 직접 뵌 적은 없습니다. 하지만 한 권의 책을 읽고 당신에게 편지를 써야겠다고 마음먹었습니다. 사실 주고받는 서신 속에 선생의 대답은 이미 정해져 있겠지요. 그렇다 한들 꼭 한번은 대화를 나눠보고 싶었습니다. 선생이 선택한 첫 번째 여행지가 궁금합니다. 그곳에서 무엇을 보았는지, 어떤 생각을 가졌는지 궁금합니다.

이름 모를 청년에게

오늘은 멀리 이베리아 반도 끝에 있는 스페인의 우엘바 항구에서 이 엽서를 띄웁니다. 당신에게 띄우는 첫 번째 엽서입니다. 첫 번째 엽서일 뿐만 아니라 나의 첫 번째 해외 출국입니다. 내가 태어나고 자란 나라, 그리고 20년을 감옥에 갇혀 있어야 했던 나라를 처음으로 벗어나는 감회가 남다른 것이 아닐 수 없습니다.

내가 이곳을 가장 먼저 찾아온 이유는 이곳이 바로 500년 전에 콜럼버스가 신대륙을 향해 출항한 항구이기 때문입니다. 지금은 그 시절의 융성함도 사라지고 인적마저 드문 바닷가에 콜럼버스와 함께 신대륙으로 떠났던 '산타마리아 호'의 모형만 파도에 흔들리고 있습니다.

콜럼버스의 출항은 본격적인 식민주의 역사의 시작을 알리는 신호였습니다. 식민주의의 가장 큰 특징이 자기와 똑같은 동류同類를 만들어 내는 것이라면, 그리고 자기를 추종하게 하는 것이라면, 이곳은 지중해를 벗어난 유럽의 시작이면서 동시에 오늘날 도도하게 전개되는 세계화 논리의 출발 지점입니다.

'콜럼버스는 왜 서쪽으로 갔는가?' 이 물음은 한마디로 답변하기 어려운 역사의 덩어리입니다. …… 그가 신대륙에 도착한 이후에 자행된 1,600만 명에 달하는 신대륙 원주민의 살육과, 같은 수의 아프리카 흑인을 대상으로 한 인간 사냥을 생각하면 더욱 그렇습니다.

'신대륙 발견' 500주년에 행해진 가상 재판에서 콜럼버스는 유괴와 살인을 저지른 침략자로 단죄되고 '신대륙 발견'이라는 표현이 폐기되었습니다. '신대륙'이 아님은 물론이며 '발견'이 아닌 '도착'이었기 때문입니다.

나는 산타마리아 호 선상에 올라가 멀리 대서양을 바라보았습니다. 신대륙은 물론 보이지 않고 대서양의 푸른 물결만 출렁이고 있었습니다. 이미 신대륙이 아닌 고난의 대륙이 바다 저편에 있을 것입니다. 눈앞의 무심한 바닷물과는 반대로 귓전을 스치는 바람 속에는 수많은 목소리가 들려옵니다. "지구가 둥글다는 것이 우리에게 무슨 의미가 있는가?"라는 아메리카 원주민의 항변이 들려옵니다. …… 그리고 지금도 세계의 여러 곳에서 신대륙을 찾아 비행기로 이륙하고 있는 수많은 콜럼버스들의 모습이 떠오릅니다.

– 신영복, 〈우엘바 항구의 산타마리아 호〉 중에서

얼굴 없는 스승에게

첫 번째 편지 잘 받았습니다. 선생의 편지를 읽으며 '문명과 야만'의 이분법적 표현이 얼마나 오만한 사고인지를 깨닫게 됐습니다. 그건 타인의 문화를 다름 그 자체로 인정하지 않는 데서 비롯한 잘못이겠지요. 문득 저의 첫 번째 여행이 떠올랐습니다. 공항에서 밤을 새고 나와 처음 맞는 호객꾼들, 길거리 쓰레기통을 뒤지던 노파와 아이, 대로변에 차를 세우고 사이클 릭샤의 뺨을 때리던 뚱뚱한 사내, 머리를 스치듯 날아다니는 독수리와 까마귀, 벌거벗은 남자, 길거리 한쪽에서 대소변을 보는 사람들, 털 빠진 미친개와 손바닥만 한 바퀴벌레, 내 뺨에 염소 피를 바르던 가짜 사제까지. 그곳에서 마주한 풍경은 당혹을 넘어 참담함 그 자체였습니다. 여행이 끝나고 한참의 시간이 흘렀지만 아직도 그때의 혼란이 잊히지 않습니다. 선생의 콜카타는 어떤 모습인가요? 그곳 낯섦을 어떻게 감당했을지 궁금합니다.

이름 모를 청년에게

콜카타 공항에 내리면서 나는 제일 먼저 시간을 맞추는 일에서부터 인도를 시작했습니다. 손목시계를 풀고 시계바늘을 돌려 시차를 조정하면서 문득 평소에 천동설로 생활하던 당신의 말이 생각났습니다. 지구가 태양 주위를 도는 것이 사실이라고 해도 우리는 평소 해가 뜨고 해가 지는 천동설로 살고 있는 것이 사실입니다.

그러나 생각해 보면 이 시차와 지동설은 여행객에게 지나지 않는 나의 과학일 뿐, 이곳에서 낮과 밤을 보내고 맞는 인도 사람들에게는 역시 천동설이 과학임이 틀림없습니다. 내가 인도에서 가장 먼저 느낀 것이 바로 이 '생각의 시차'입니다.

콜카타는 사상과 예술의 도시이며 동시에 '인도의 얼굴'이라고 합니다. 그러나 나는 이 식민 도시에서 인도의 정직한 얼굴을 아직 찾아내지 못하고 있습니다. …… 내게 '인도의 얼굴'을 보여 주려고 애썼던 유학생의 친절을 잊지 못합니다. 그 중 하나가 노벨 평화상을 받은 테레사 수녀의 '사랑의 선교회'와 '죽음을 기다리는 집'이었습니다. 테레사 수녀가 거처하는 성당에는 늦은 밤인데도 환히 불 밝힌 기도실에서 사랑의 기도를 올리고 있었습니다. 그러나 나의 시선은 자꾸만 바깥으로 옮겨 갔습니다. 성당 바깥의 도로에 앉아 있는 사람들과 인근의 빈촌을 가득히 메우고 있는 남루한 사람들의 얼굴을 지울 수가 없었습니다.

그러나 놀랍게도 이러한 생각이야말로 아직도 시차를 좁히지 못한 나만의 생각이라는 사실이었습니다. 나의 걱정과는 달리 그들은 결코 성당 안으로 들어가기를 기다리거나 사랑의 손길을 고대하고 있지 않다는 사실이었습니다. 인도의 얼굴은 '사랑의 선교회'에 있었던 것이 아니라 그 바깥에 있었다고 해야 할 것입니다. 당신이 인도에 온다면 맨 먼저 걸인을 만날지도 모릅니다. 감당할 수 없을 정도로 많은 손들에게 포위될지도 모릅니다. 어쩌면 인도에서 거지만 보고 돌아갈지도 모릅니다.

수많은 수도승들의 탁발 전통을 모르는 나로서는 그들의 당당함을 이해하기 어려웠습니다. 가난과 남루는 물론이며 심지어 삶과 죽음까지도 대수롭지 않게 받아들이는 인도의 마음을 읽을 수 있는 정서가 우리에게는 없었습니다. (그러나) 가난은 아름다움을 묻어 버리는 어둠이 되기도 하고 그것을 드러내는 빛이 되기도 합니다. 당신이 인도를 찾아올 때는 많은 것을 벗어 두고 올 것을 권합니다. 먼저 시계를 풀어 두고 오기 바랍니다. 그리고 옷을 벗어 두고 와야 합니다. 누군가가 당신에게 입혀 놓은 보이지 않는 옷까지 벗어 두고 와야 합니다.

- 신영복, 〈인도의 얼굴〉 중에서

얼굴 없는 스승에게

지난 설날에는 시골에 내려갔습니다. 특히나 이번 명절에는 평창 동계올림픽이 열리는 시기여서 우리는 '아이언 맨'과 '안경 선배'에 푹 빠져있었습니다. 잠깐 잠이 들었다 깨어났을 때 마루에서는 아버지와 작은아버지 사이에 대화가 한창이었습니다. 정치 이야기였습니다. 정확히 말하자면 현 정부에 대한 무조건적인 비난이었죠. 가만히 듣다 참지 못하고 대화에 끼어들었습니다. 조근조근 반박을 하다가 어느 순간 우리는 서로 목소리를 높이게 되었습니다. 그때 작은아버지가 먼저 고개를 저으며 자리를 떠났고, 저 또한 마음이 편치만은 않았습니다. 가만히 생각해보니 우리는 토론의 내용은 잊고 서로의 잘못만 꼬집은 게 아니었나 싶습니다. 저는 눈먼 소문에만 의지해 아집을 부리는 기성세대가 답답했고, 기성세대 또한 자신들이 겪은 오랜 고난의 시절, 그 귀중한 경험을 깔보는 젊은이의 태도가 얄미웠을 겁니다. 저는 이것이 단지 세대 간의 갈등을 넘어 사회 전체에 드리운 배타적 사고의 한 단면이 아닌가 싶습니다. 가깝게는 지역 간의 갈등을 비롯해, 진보와 보수, 노인과 청년, 남자와 여자, 더 멀리는 인종과 종교 간의 다툼까지. 우리는 늘 나와 조금 덜 닮은 상대에게 적의를 드러내곤 합니다. 그러나 남과 여, 노인과 청년, 힌두와 이슬람이 서로의 반대말이 아닌데, 왜 서로 무섭게 노려보며 이빨을 드러내야 하는지 마음이 아픕니다.

이름 모를 청년에게

아프리카 대륙의 남단 희망봉에는 이름과는 달리 거센 바람이 쉴 새 없이 몰아칩니다. 바람에 떠밀려 온 이랑 높은 파도가 암벽에 부딪쳐 자욱한 포말로 일어섭니다. 세상을 하직하러 '지구의 끝'을 찾아온 노인 관광객들이 거센 바람에 밀려 발을 떼어 놓지 못합니다. 이곳을 '폭풍의 곳' 대신 희망봉이라고 이름 붙인 까닭이 궁금합니다.

희망봉에서 얼마 떨어지지 않은 곳에 '절망의 섬'이 있습니다. 해안에서 약 6킬로미터, 뱃길로 30~40분 거리에 있는 로벤 섬이 그곳입니다. 로벤 섬에는 넬슨 만델라가 27년의 구속 기간 중 17년 동안 갇혀 있던 감옥이 있습니다. …… 희망봉과 절망의 섬이 서로 지척에 있었습니다.

아프리카에서 피아노 연주를 듣게 된 것은 우연한 일이었지만 내게는 참으로 뜻 깊은 것이었습니다. 남아프리카공화국에서 듣는 피아노 선율은 내게 흑과 백의 조화를, 그리고 반음과 온음의 조화를 깨닫게 해주었기 때문입니다. …… 피아노는 우리에게 반음半音의 의미를 가르칩니다. 반半은 절반을 의미하지만 동시에 반伴을 의미합니다. 동반同伴을 의미합니다. 모든 관계의 비결은 바로 이 반半과 반伴의 여백에 있다고 할 수 있습니다. '절반의 한회'는 절반의 비탄과 같은 것이며, '절반의 희망'은 절반의 절망과 같은 것이며, '절반의 승리'는 절반의 패배와 다름없는 것입니다. 만약 우리가 절반의 경계에서 스스로를 절제할 수만 있다면 설령 그것이 희망과 절망, 승리와 패배라는 대적對敵의 언어라 하더라도 얼마든지 동반의 자리를 얻을 수 있으리라 믿습니다.

— 신영복, 〈아프리카의 희망봉과 로벤 섬〉 중에서

얼굴 없는 스승에게

절반은 곧 동반이라는 의미, 깊게 새겨들었습니다. 물론 그 바탕에는 화해라는 전제가 있어야 하겠지요. 지금 한국은 '미투 운동'이 커다란 이슈로 부각되고 있습니다. 당사자에게는 아주 큰 용기가, 그를 바라보는 주변인들에게는 위로와 공감의 행동이 필요한 일입니다. 지금의 미투 운동을 보며 떠오른 몇 개의 장면이 있습니다. 지난겨울 어둠 속에서 빛나던 촛불, 일본 대사관 앞 소녀상에 둘러진 목도리, 노란 리본의 기다림 같은 것들. 각각의 시작은 조금씩 다를 수 있지만, 함께 모여 목소리를 모으는 것, 그러니까 사회적 약자의 연대야말로 단단하고 부조리한 세상을 바꿀 수 있는 유일한 희망이라는 생각입니다. 지금 선생은 인류가 겪은 커다란 슬픔의 장소를 여행 중이라고 들었습니다. 그곳에서 무엇을 보고 또 무엇을 생각하셨습니까?

이름 모를 청년에게

아우슈비츠 수용소는 들어갈 때보다 돌아 나오는 발걸음이 더 무거웠습니다. 나뿐만 아니라 이 비극의 현장을 돌아보는 모든 방문자들의 표정은 하나같이 침울하기 짝이 없습니다. 분노와 경악이라기보다는 차라리 허탈에 가까운 표정이었습니다. 그것은 제2차 세계대전에서 나치 독일이 자행한 만행이라는 과거의 일회적 사건에 대한 분노나 충격을 넘어선, 인간성 그 자체에 대한 좌절이라고 해야 합니다.
가스실과 교수대를 돌아 나오는 나를 맞아 준 것은 바로 장미꽃 화단이었습니다. 별로 크지 않은 화단입니다. 긴 화단을 가득히 덮고 있는 장미꽃이 이 참혹한 현장의 아픔을 어루만지는 따뜻한 손길 같기도 하고 이곳에서 숨져 간 300만의 영혼 같기도 합니다.
나는 장미꽃 화단 옆에 앉아서 생각했습니다. 이 비극의 현장은 이처럼 먼 폴란드 땅에다 둘 것이 아니라 독일의 수도 베를린으로 옮겨야 한다고 생각했습니다. 아우슈비츠는 라인 강의 기적과 나란히 놓여야 한다고 생각했습니다.
제2차 세계대전의 전쟁 범죄에 대한 독일인들의 사죄는 엄숙할 정도로 철저한 것이 사실입니다. …… 그러나 폴란드 오지에 있는 아우슈비츠는 아무래도 세상에서 너무 먼 것 같았습니다. …… 청산한다는 것은 책임지는 것입니다. 단죄 없는 용서와 책임 없는 사죄는 '은폐의 합의'입니다. 책임짐으로써 다시는 반복되지 않도록 하는 것이 진정한 청산입니다.
아우슈비츠는 단지 제2차 세계대전의 참상을 드러내는 것에 그치지 않고 우리가 찬미하는 모든 '번영의 피라미드'에 바쳐진 잔혹한 희생의 흔적을 드러낸 증거가 되어야 할 것입니다.

– 신영복, 〈아우슈비츠의 붉은 장미〉 중에서

마침 겨울방학을 맞아서 원고를 다시 읽어 보고 서문을 쓰는 일을 강원도 산골짜기 외딴 집에서 하고 있습니다. 궁벽한 산중이어서 지난 해의 적설 위에 계속해서 신설이 쌓입니다. 이곳은 봄이 올 때까지 내내 설국雪國입니다. 밤이면 세찬 겨울 바람이 나목을 뒤흔듭니다. 동토凍土에 발목 박고 봄을 기다리는 나무들의 이야기가 들려옵니다.
"우리 더불어 숲이 되어 지키자."

– 신영복, 《더불어숲》 중에서

나만 알고 싶은
놀이터

제주를 다 안다고 생각했다. 바다도 숲도, 음식과 상점도 너무나 익숙한 풍경처럼 느껴졌다. 더 이상 뭘 기대하겠어? 적어도 이곳을 알기 전까지는 그랬다. 더 잘 놀기 위한 공간, 재미를 위한 시간 활용법을 알려주는 곳. 성산 스피릿! 플레이스 캠프다.

에디터 김건태   포토그래퍼 **Hae Ran**

어라운드 × 플레이스 캠프 제주

7:00 AM

아침을 깨우는 시간

오전 일곱 시, 알람을 맞추지 않아도 절로 눈이 떠진다. 몸이 출근 시간을 기억하는 탓이다. 여행지에서의 기상 치고는 다소 이른 시간이지만 '졸리면 더 자도 돼.' 하고 생각하니 도리어 몸이 가볍다. 하얗고 빳빳한 이불로 몸을 말고 있으면 꼭 푹신한 둥지에 담긴 기분이다. 여행 중에는 어쩐지 침구가 하얗지 않으면 조금 서운해진다. 느릿느릿 일어나 커튼을 걷고 막 잠에서 깨어난 성산일출봉을 본다. 저만치 크고 느린 것을 마주하고 있으면 꼭 지구를 보는 것 같다. 오늘은 무얼 하지? 특별한 계획이 없어서 서두를 이유도 없지만, 그래도 분주히 하루를 보내고 싶은 마음이다. 하얀 타일이 깔린 욕실에서 오래 샤워를 하고, 누군가 방명록에 남기고 간 쿠폰도 챙긴다. 그저 즐겁게! 오늘 하루 동안 내가 생각할 유일한 다짐이다.

몸을 깨우는 시간

약간의 유혹이 있었지만 기어이 일어나 요가를 준비한다. 여행까지 와서 무슨 요가냐고 묻는다면 몰라도 한참을 모르는 소리다. 하루의 시작이 건강해야 더 '오래' 잘 놀 수 있다는 걸 나이를 먹을수록 깨닫는다. 매일 아침 여덟 시가 되면 조금은 부스스한 얼굴의 여행자들이 하나 둘 요가장으로 모여든다. 서로 적당한 거리를 두고 앉아 선생님의 지도에 맞춰 간단한 스트레칭을 시작한다. 마음 같아서는 중급 단계를 듣고 싶지만 다행히도 나는 내 몸을 잘 아는 사람이다. 요가는 욕심을 버리는 데에서 시작하므로, 과감하게 초급반이다. 스트레칭과 호흡, 천천히 내 몸의 안쪽을 늘려가는 동작, 그리고 명상. 따뜻한 차 한 잔을 마시는 것으로 수업을 마무리하는데, 천천히 넘어가는 찻물이 내 몸의 길이 어떻게 생겼는지 확인시켜주는 기분이다.

8:00 AM

정신을 깨우는 시간

'변태 같은 커피'. 어디선가 그런 표현을 본 적 있다. 그러니까 제주에서 가장 맛있는 커피, 아니 섹시한 커피를 마시고 싶다면 이곳에 가야 한다는 의미가 되겠다. 카페 도렐Dorrell은 유럽의 옛 공장을 개조한 듯한 2층짜리 벽돌 건물 전체를 사용하는데, 널찍한 내부에 네모 반듯한 내장 마감이 감각적인 공간이다. 소문의 섹시한 커피는 너티 클라우드Nutty Cloud로, 그 맛을 묘사하자면 이런 거다. 먼저 쌉쌀하고 뜨거운 에스프레소가 입을 스치고 지나가고 뒤이어 고소한 땅콩크림이 부드럽게 혀를 감싼다. 그리고 마지막으로 예상치 못했던 차가운 우유의 반전. 짧게나마 커피에 혀를 농락당하는 느낌이다. 조금은 아쉬운 양에 연거푸 세 잔 정도를 들이켰고, 끝내 조금 어지러운 상태가 됐다. 젊은 바리스타는 웃으며 오후에 열리는 핸드드립 클래스에 참여하라고 권한다. 날이면 날마다 오는 기회가 아니라며.

광장이 분주해지는 시간

플레이스 캠프의 광장은 모두에게 열린 공간이다. 특히 좀 전의 카페 도렐에서 커피를 권하던 직원이 밖으로 나와 스케이트보드를 타는 모습을 보며 확신했다. 직원과 손님, 길 가던 사람도 멈춰 서서 광장을 즐긴다. 절도 있고 격식을 차리며 늘 반듯한 표정을 짓는 클래식 호텔을 생각한다면, 이곳의 분위기가 낯설 수도 있겠다. 하지만 '노는 법을 알려드립니다'라는 구호나, 직원들의 들뜬 표정을 발견했다면 이곳이 어떤 태도로 꾸려진 공간인지 짐작할 수 있다. 광장은 여름이면 더 많은 사람들로 붐빈다. 플리마켓, 운동회, 버스킹 등 다양한 볼거리가 펼쳐진다. 특히 여름에 열리는 맥주 축제에는 40종 이상의 맥주 부스가 참여해, 흥과 끼가 가득한 저녁을 선물한다.

2:00 PM

흥이 폭발하는 시간

제주에 가면 늘 바비큐 파티에 참여했다. 일정한 금액을 내면 술과 고기를 무제한으로 먹을 수 있다는 솔깃한 제안 때문이다. 하지만 많은 곳이 그저 술 먹는 일에만 집중해 부담이 될 때도 있다. 너무 부어라 마셔라 하지 않고 좀 더 즐겁게 취할 수 없을까? 스피닝 울프Spinning Wolf는 제주에서 손꼽히는 트렌디 펍으로, 주말 저녁이면 다양한 장르의 라이브 공연이 열린다. 마침 내가 머무르는 동안에는 재즈 뮤지션 김나형 씨의 공연이 열렸다. 밴드 시크릿코드의 보컬인 그녀는 지난해 첫 개인 앨범을 발표한, 허스키한 목소리가 매력적인 뮤지션이다. 나는 맥파이 맥주를 하나 시켜두고 공연을 감상했다. '스피닝 하는 늑대'의 네온사인과 어우러진 그녀의 스캣Scat이 묘하게 어우러지며 흥을 돋운다. "딱 한 잔만 더 마실까?" 함께 앉은 일행이 고개를 끄덕인다.

8:00 PM

놓치고 싶지 않은
플레이스 캠프의 여덟 장면

01 | 조슈아스 페이보릿
여행과 예술을 사랑하는 사람들이 만든 디자인 컬렉션.

02 | 예술가들의 협업 작품
객실과 로비, 어디서나 만날 수 있는 미술관.

03 | 무비나잇
제주의 밤을 밝히는 감성 극장.

04 | 아일랜드 페스트 짠
버스킹과 DJ파티로 즐기는 맥주 축제.

05 | 다양한 먹거리
이탈리안 퀴진, 한식, 스트리트 푸드를 망라한 미식 골목.

06 | 골목시장
사고 팔고 먹고 즐기는 플리마켓.

07 | 스페셜 클래스
날이면 날마다 오지 않는 기간 한정 클래스.

08 | 일주일 살기 티켓
오래 머물고 싶은 사람들을 위한 프로모션 티켓.

플레이스 캠프 제주
A. 제주도 서귀포시 성산읍 동류암로 20
H. playcegroup.com
T. 064 766 3000

사표 내겠습니다!

베스트셀러에 혹해서 떠난 여행

힘들다. 하루하루 되는 일은 없고 피로가 쌓인다. 마침 전갈자리 운세도 하향세다. 답답한 마음에 서점에 갔는데, 어쩜 제목들이 하나같이 내 마음을 대변해주는 것 같다. 손이 가는 책을 하나로 모아 나란히 두었더니 이런 문장이 완성됐다. '운다고 달라지는 것은 없어서, 나는 나로 살기로 했다. 불행을 피하기 위한 기술. 퇴사하겠습니다.' 그래, 나 사표 내고(뻥) 탈출한다!

캘리포니아
유학생처럼

예감이 좋았다. 친한 친구들과의 메신저 창을 훑어봤더니 온통 자신의 처지를 한탄하는 볼멘소리뿐이었다. 잘만 구슬리면 몇 명 정도는 꼬실 수 있겠다 싶어 단체 문자를 보냈다. "야, 인생 뭐 있냐. 떠나자, 씻팔!" 원래 욕을 좋아하는 타입은 아닌데, 비속어를 쓰면 좀 더 쿨해 보일 것 같았다. 친구 둘이 동조했다. 학창 시절 공부는 중간, 생긴 것도 중간, 어영부영 살다 보니 어느덧 나이도 삼십 대 중반에 걸쳐버린, 그야말로 심심한 인생을 사는 세 친구가 의기투합했다. 우리는 일단 만나서 술을 마셨다. 옛날이야기, 일과 돈, 지난 사랑 이야기, 그리고 침묵. 삶이 건조해 더는 신나게 떠들 소재가 없었다. 접시에 담긴 산낙지가 꼼지락거렸고, "하아" 누군가 한숨을 쉬었다. 일탈이 필요했다. "당장 어디든 가야겠어." 소주잔을 비우며 내가 말했고, 친구들은 술기운이 잔뜩 달아오른 목소리로 콜을 외쳤다.

우리는 크게 부풀었다. 가방도 옷도 필요 없었다. "야, 지갑만 있으면 돼." 무작정 떠나서 계획 없이 볕이나 좀 쬐다가, 배고프면 먹고, 졸리면 졸고, 누군가 우리의 정체를 물으면 여유로운 말투로 "그냥 심심해서 내려왔어요.", 자유로운 캘리포니아 유학생처럼 굴면 되는 거였다. 그리고 약속의 날. 친구들이 사라졌다.

무인도를
찾아서

"미안하다. 술이 너무 안 깬다.", "나 부모님 가게 알바가 펑크 내서 도와드려야 돼." 약속이나 한 듯 두 친구는 나를 배신했다. 평소 같으면 욕이 먼저 튀어나왔겠지만 이상하게도 화는 나지 않았다. 나는 자유로운 캘리포니아 사람이니까. 그런 생각을 하며 혼자 공항으로 갔다. 목적지는 마라도, 대한민국 최남단의 섬으로 제주도를 통해서 들어갈 예정이었다. 짐이 없어서 수속도 단숨에 통과했다. 요즘 누가 제주도에 캐리어 끌고 다닌다고. 촌스럽게. 공항에서 시간을 때우며 혼자 놀았다. 아무도 신경쓰지 않았겠지만 어쨌든 나는 당당하다, 하고 속으로 생각했다.

제주도에 도착하자마자 콧구멍을 크게 벌리고 숨을 들이마셨다. 이 섬은 언제나 옳다. 공기가 그걸 말해줬다. 마라도로 가는 배는 제주 남쪽 모슬포 항에 있었다. 여객선은 하루 다섯 번 정도를 왕복 운행하는 모양이었다. 섬에서 나오는 배가 미리 정해져 있어서 실제로 마라도에서 보낼 수 있는 시간은 1시간 30분 남짓이었다. 인구 천만의 메가시티 서울에서 500킬로미터 정도를 날아왔건만 일탈 치고는 너무 짧은 시간이었다. 나오는 배를 타지 말고 섬에 고립돼버릴까 잠깐 생각했다가 지웠다. 나는 보기보다 겁이 많은 사람이다.

많은 사람들이 배에 탔다. 한번 가봐야지 하면서 내내 미뤄오던 섬. 무인도는 아니지만 바람이 많아 언제라도 나쁜 기억을 지워버릴 수 있을 것 같은 섬. 나는 마라도에 왔다.

지구의 끝
짜장면 섬에서

배에서 내린 몇몇 사람들이 정신없이 뛰었다. 달리던 누군가 "왜 뛰어?" 하고 물었고, 그녀의 친구는 "짜장면!" 하고 소리쳤다. 그래, 마라도는 짜장면의 섬이었다. 하지만 나는 서두르지 않았다. 오히려 지도 위의 설명된 길 반대편으로 걸었다. 하늘에서 보면 이곳은 둥그런 테두리로만 이뤄진 섬이어서, 어디로 걷든 시작과 끝이 하나로 모였다. 산책의 마지막에 보게 될 벤치를 먼저 만나고, 삽살개와 등대, 먼 바위에 꼿꼿이 솟은 낚시꾼들, 연못과 억새, 이름 모를 식물들을 지나 대한민국 최남단 비석이 세워진 곳까지 단숨에 걸었다. 사진 찍는 사람들이 많았는데, 그들은 바다와 가까운 가장 끄트머리 바위에 서서 사진을 찍었다. 자신이 사는 곳과 가능한 한 멀어지고 싶은 사람처럼 말이다. 유난히 많은 바람이 불었고, 나는 괜스레 헛헛한 마음이 들어 재빨리 자리를 떴다.

대망의 짜장면을 시켰는데, 바다에서 갓 캐낸 듯한 톳 몇 조각이 토핑의 전부였다. 배가 고파서 3분 만에 해치우고는 우리 동네 중국집 연경을 떠올렸다. 산책을 마치고 가만히 배가 도착하기를 기다리며 바다를 봤다. 매일같이 수백 명의 사람들이 들어왔다 나가기를 반복하는 이 섬에 나는 살 수 있을까? 호기롭게 사표까지 생각하며 지구의 끝까지 왔건만, 빨리 벗어나고 싶다는 생각에 조금 쓰게 웃었다. 내가 이곳에서 발견하고 싶었던 건 뭐였을까?

당신은
희망을 믿나요?

영화 〈김씨 표류기〉에는 자살에 실패한 한 남자가 나온다. 그는 밤섬에 갇혀 구조 요청을 보내지만 도시는 냉정하다. 하지만 해변에 써놓은 'HELP'를 'HELLO'로 수정하기까지 그에게 무엇이 변했는지 생각해보면 사실 변한 건 아무것도 없다. 그저 조금만 노력하면, 우연히 발견한 짜파게티를 끓여먹을 수 있다는 하나의 '희망'이 생겼을 뿐이다. 희망. 아주 작은 곤충, 아주 작은 떡잎, 아주 작은 연필과도 같은 이름. 희망이란 크기가 커질수록 허망에 가까워진다는 걸 나는 이제 안다. 그래서 더 내밀하고 사적인, 사소하지만 하루하루를 살게 약속 같은 것만을 희망이라 말하고 싶다. 사람들은 이런 걸 정신승리라고 하던데, 뭐 아무렴 어때.

여행의 끝자락에 나는 다시 친구들의 연락을 받았다. 제주로 내려온다는 거였다. 다만 비행기 티켓이 없어 배를 타고 온다는 친구들을 기다리며, 나는 하루 더 제주에 머물렀다. 서울에서 목포까지, 다시 목포에서 제주까지, 처음 우리의 계획대로 옷도 짐도 없이 내려온 친구들의 얼굴을 보자 나도 모르게 웃음이 터졌다. "이 멍청한 세 얼간이들, 사표 쓸 준비는 됐냐?" 내가 물었고, 친구는 머쓱하게 웃으며 중얼거렸다. "야, 그게 어디 마음처럼 쉽냐."

암실에서 보낸 휴일

I AM NOT A PHOTOGRAPHER

언제부터 요일을 쓰기 시작했을까. 조선 시대에도 주5일제가 있었을까. 그들도 토요일과 일요일은 주말이라 부르고, 나머지 요일은 평일이라 불렀을까. 그런 생각을 하다가 내게 휴일이란 개념이 없어졌다는 사실을 알아차렸다. 월화수목금토일이 아닌 토일토일토일토의 일상을 보낸다. '이번 휴일에 무엇을 할까.'보다는 '구멍 난 시간을 무엇으로 채우지.'를 고민하며 지내온 지가 꽤 되었다.

글·사진 박선아

시간의 틈을 메우기에
가장 좋은 방법은

오래 일을 쉬고 있다. 프리랜서로 지내고 있지만, 겨우내 일이 거의 없었으니 쉬었다고 말하는 게 맞을 거다. 회사에 다닐 때는 주말이 가장 좋았는데, 이제는 하루하루가 휴일 같고 그 사실이 조금은 막막하게 느껴진다. 주어진 시간의 빈틈을 어떻게 채워야 하는지를 배워본 적이 없다. 학생 때는 공부가 바빴고, 회사원일 때는 일로 분주했으니까. 이리저리 몸을 움직이며 그 구멍을 메워봤다. 여행을 떠났고, 밀린 잠을 잤고, 보고 싶던 드라마를 몰아서 보거나 가고 싶던 카페에 가서 하루를 보내보기도 했다. 몇 가지 움직임을 반복하고 멈추다 보니, 한 가지 방법이 유용하다는 걸 발견했다. '배우는 것.' 뻔한 얘기일 수 있지만, 뭔가를 배우며 시간을 보내면 불안한 마음이 스스로 가야 할 자리를 찾아낼 때가 있다.

용기 내어
질문을 갖고 나오는 일

지난겨울에는 필름 현상 수업을 들었다. 긴 시간 즐겨온 취미 사진이기에 잘 알고 있다고 생각했는데, 웬걸, 아는 게 별로 없었다. 선생님이 설명해주는 용어 중 제대로 이해하는 게 없었고, 늘 보던 필름 패키지에 적힌 용어도 정확히 뜯어본 적이 없다는 걸 알았다. 전문가를 위한 수업이 아닌데도 이렇게까지 모르는 게 가득하다니. 안다고 생각하며 지나온 시간이 어쩐지 부끄러웠다.

내가 뭘 잘 몰랐다는 사실은 같이 수업을 듣는 이들을 통해 더 적나라해졌다. 한 아저씨는 카메라를 여러 대 꺼내놓고, 그간 찍은 필름을 보여주었다. 선생님이 뭔가를 이야기하면 설명을 덧붙이거나 질문을 던졌는데, 그때 쓰는 용어들이 전문적이었다. 어떤 직업을 가진 사람인지는 모르지만, 이 수업은 기초반이었기에 전문가는 아녔을 거다. 물어보진 못했지만, 다른 일을 하는 분이라면 쉬는 시간을 온통 여기에 쏟지 않았을까. 퇴근하고, 황금 같은 주말에, 자신에게 남은 시간을 하나씩 꿰어 만든 일이겠지. 그렇게 시간을 보내도 답이 나오지 않는 문제를 용기 내서 이 자리로 갖고 나온 것일지도 모른다. 겨우내 방에 틀어박혀서 '왜 일이 안 들어오지. 언제까지 이렇게 무료한 시간을 보내야 할까.' 하며 게으름을 피우던 내 모습이 떠올랐다.

우아한
사진

첫 수업이 끝나고 얼마 지나지 않아 사진가인 친구가 물었다. "암실 들어가 보니 어때?" 쭈뼛거리다가 "야한 기분이 들어."라고 답했다. 친구는 크게 웃었다. "맞네. 대학 때 암실이 연애하기 참 좋은 곳이었지." 전공자가 아닌 나는 사진학과를 다닌 학생들이 암실에서 뭘 했는지 잘 모르지만, 상상하다 보면 부러운 마음이 든다. 어둑하고 뻘건 조명이 있는 방. 음악이나 물소리가 작게 들리고 몸짓이 하나씩 조심스러워진다. 호텔 방에서 느끼는 야한 기분과는 아주 다른 류다. 뭐랄까. 인화지를 물에 헹구다가 손끝이 스칠 때의 떨림이, 소스라침에 가깝게 드러날 것 같다. 긴장해서 들숨과 날숨이 커지면 그것조차 숨길 수 없을 것 같고. 어둠 속에서 서로의 손짓이나 움직임을 바라보는 것만으로도 사랑에 빠질 것 같은 기분이 들었다. '우아한 야함' 정도로 표현할 수 있으려나. 처음 암실에 들어간 날을 뒤로하고, 그 후로도 몇 번이나 '우아한'이란 수식어를 붙여 단어를 만들었다. 선생님이 수업하는 소리를 들으며 '우아한 설명', 인화지 박스를 보며 '우아한 도구', 약품에 뭔가를 넣고 흔드는 '우아한 방식', 암실의 빨간 시계의 초가 지나는 걸 보며 '우아한 시간'.

생각해보면 사진을 둘러싼 많은 일에 비슷한 감정을 느꼈다. 그땐 어떤 단어로 표현해야 할지 잘 몰랐다. 사진관에서 인화된 사진을 받았을 때, 사진집의 서문을 읽을 때, 책장에 꽂힌 사진집들을 하나씩 만져볼 때, 사진에 관한 다큐멘터리를 보며 그들의 말을 옮겨 적을 때…. 그때마다 비슷한 감정이 들었고, 그 마음이 좋아 사진을 좋아하게 되었다. 이번에 알았다. 그건 '우아함'이다. 사진을 이야기하는 사람이나 그것을 다루는 장비, 해석하는 태도 등이 모두 우아했다. 이유가 뭘까. 틈틈이 생각해보고 있는데 아직은 잘 모르겠다. 이번 수업을 듣다가 이 단어를 발견한 것처럼 계속 이 일에 시간을 들이다 보면, 언젠가 설명할 수 있을까.

손끝에 걸린
작은 느낌과 같은

암실은 어둡다. 처음 암실에 들어가면 지나치게 어두워서 당황스럽다. 이 어둠 속에서 무엇을 할 수 있지, 싶은데 신기하게도 잠시 머무르다 보면 눈이 밝아진다. 시간이 흐를수록 어두운 틈에 어떤 것들이 보이기 시작하고, 천천히 작업할 수 있다. 그렇다고 모든 것을 빛이 있을 때처럼 자연스럽게 할 수는 없다. 선생님이 어느 자리에 인화지를 끼우라고 했지만, 보이지 않았다. "선생님, 못 찾겠어요." 그녀는 확대기를 만지고 더듬거리더니 그쪽에 내 손을 붙여줬다. "보이진 않지만 촉감으로 느낄 수가 있어요. 손끝으로 잘 만지다 보면 여기에 뭔가 느껴질 거예요. 잘 한번 찾아보세요." 뭐가 느껴지지, 하며 더듬거리니 정말 손끝에 아주 작은 부분이 튀어나온 것이 느껴졌다. 어둠 속에 있어서 그런지 촉감이 더 선명했다. 필름을 현상하고 인화하는 과정에는 생각보다 더 많은 감각이 필요했고, 암실에 머무는 내내 나는 발바닥이 간지러웠다.

함께 수업을 들은 할아버지는 내내 선생님을 찾았다. 불이 켜져 있을 때도 장비 숫자가 보이지 않아 옆 사람의 도움을 구했고, 인화지를 약품에 넣고 기다리는 시간을 빠르게 계산하지 못해 불안해했다. 단순히 좋은 시선으로 사진을 찍는 것만이 사진의 전부가 아니란 생각에 조금 서글퍼졌다. 이건 사진에만 해당하는 일은 아니겠지. 그런 생각을 하다가 문득, 할아버지에게 고마운 마음이 들었다. '그럼에도 불구하고' 할아버지는 부끄러움 없이 질문했고, 부지런히 움직였고, 주변 친구들에게 자랑한다며 암실 앞에서 씩씩하게 사진도 찍었다. 그 모습을 떠올리며 다시 한번, 내게 주어진 요일들을 떠올려봤다.

친절한 흑백필름 설명서
BLACK & WHITE PRINT CLASS

수업 소개

"그리하여 저는 배웠습니다, 여러분, 아, 배워야 한다면 배우는 법, 출구를 원한다면 배웁니다. 앞뒤 가리지 않고 배우는 법입니다. 회초리로 스스로를 감독하고, 지극히 조그만 저항이 있어도 제 살을 짓찧었습니다. 원숭이 본성은 둘둘 뭉쳐져 데굴데굴 쏜살같이 제게서 빠져나가 버렸습니다. 그리하여 저의 첫 스승 자신이 그것으로 하여 거의 원숭이처럼 되어버려, 곧 수업을 포기하고 정신병원으로 보내져야 했습니다. 다행스럽게도 그는 곧 회복되었습니다만.

그런데 저는 많은 스승을 동원했습니다. 네, 심지어 동시에 몇몇 스승을요. 제가 자신의 능력을 어느덧 확신하게 되어, 대중이 저의 진보를 지켜보고, 저의 미래가 빛나기 시작했을 때는 제가 직접 선생들을 초청해서 그들을 나란히 붙어 있는 다섯 개의 방에 눌러앉아 있게 하고는 저는 끊임없이 한 방에서 다른 방으로 뛰어듦으로써 모두에게서 동시에 배웠습니다.

이 진보! 앎의 빛이 온 사방에서부터 깨이는 두뇌 속으로 뚫고 들어옴! 부인하지 않겠습니다. 그것이 저를 행복하게 했습니다. 그러나 또한 고백하자면, 저는 그것을 과대평가하지는 않았습니다. 그 당시에도 이미 그랬고, 오늘날은 훨씬 더 그렇습니다. 지금껏 지상에서 되풀이된 바 없는 긴장된 노력을 통하여 저는 유럽인의 평균치 교양에 도달했습니다. 그것은 그 자체로는 별것도 아닐는지도 모르겠습니다만, 제가 우리를 벗어나도록 도와주고 저에게 이 특별한 출구, 이 인간 출구를 마련해 준 한에서는, 그래도 상당합니다. 슬쩍 달아난다는 탁월한 독일어 표현이 있는데, 그걸 제가 했습니다. 저는 슬쩍 달아났습니다. 제게는 다른 길이 없었습니다. 자유란 선택될 수 있는 게 아니라는 걸 언제나 전제로 하고요."

– 프란츠 카프카, 《변신·시골의사》 중에서

KT&G 상상마당 아카데미의 SAC 프로그램

SAC은 Sangsangmadang Art Club의 줄임말로 사진과 문화, 예술 분야의 수업을 즐길 수 있는 프로그램을 의미한다. KT&G 상상마당에서 운영하는 이 프로그램은 '일상 속에서 예술을 즐길 수 있음'을 목적으로 두고 있어 예술에 문외한인 사람도 부담 없이 참여할 수 있다. 사진의 경우에는 필름이나 암실 교육을 하는데, 모노필름 현상이나 인화, 필름카메라, 클래식프린트 등으로 수업 종류가 다양하고 세분화 되어 있다. 취미로 사진을 배우고 싶은 이들이 제대로 사용할 수 있는 암실이 드문데, 상상마당에서는 수업을 듣는 동안 자유롭게 암실을 체험하고 이용할 수 있다. 전문가를 위한 과정은 아니지만, 단계적이고 체계적인 교육 과정을 통해 누구든 자신이 배우고 싶은 분야를 차근차근 배워나갈 수 있으니, 나에게 주어진 '휴일'을 제대로 보내보자.

H. sangsangmadang.com/lec/HD

보라보라 사람들

오랜 친구와 도쿄에서

난기류가 예상되므로 사인이 꺼질 때까지 안전벨트를 매달라는 안내 방송이 나왔다. 바로 목
덜미에 힘이 들어갔다. 눈을 감고 깊게 숨을 쉬었다. 머리로는 비행기가 가장 안전한 교통수
단이라는 것을 알았지만, 비상착륙을 한 번 겪은 뒤로는 몸이 먼저 경직되었다. 한 가지 위안
은 이 난기류를 버티고 나면 곧 도쿄에 사는 승주를 볼 수 있다는 사실이었다. 보라보라섬에
는 바로 한국으로 가는 직항이 없어서 일본을 경유해야만 했는데, 스톱오버가 가능했다. 비
행 모드로 되어있는 아이폰을 켜고, 출발 전 승주에게 받은 문자를 읽어보았다. "너무 긴장
하지 말구 푹 자든서 와. 안 흔들릴 겨. 곧 보자." 승주의 목소리가 떠올라 조금 웃음이 났다.

글·사진 김태연

친구의
집으로

예정된 시간에 나리타 공항에 도착했다. 보라보라섬보다 19시간이나 빠른 일본의 시차에 맞춰 손목시계를 감았다. 순식간에 하루가 사라졌다. 아이폰은 스스로 달라진 시간대를 찾아내고 알아서 바뀌었다. 입국 심사 카운터 직원에게 여권을 내밀며 "곤니치와."라고 말하자, 그는 "안녕하세요."라고 답했다. 오랜만에 들어보는 한국어였다. 입국 심사를 받을 때마다 어떤 표정을 지어야 할지 몰라 난감해진다. 나는 당신의 나라에서 짧게 머물며 라멘과 생맥주나 먹다가 돌아갈 준법정신이 투철한 여행자라는 걸 전하려면 역시 살짝 미소를 짓고 있는 게 좋을까? 직원은 여권을 열더니 진지한 표정으로 내 얼굴과 여권을 번갈아 보았다. 역시 사진과 실물이 너무 다른가. 나는 목젖으로 겨우 붙잡고 있던 말을 결국 뱉을 수밖에 없었다. "저예요." 다행히 직원은 아무런 질문도 하지 않고 스탬프를 찍어주었다.

수화물을 찾는 데는 30분도 채 걸리지 않았다. 서둘러 빠져나가는 사람들을 따라 덩달아 마음이 급해져 게이트를 나오니 공기가 차가웠다. 겨울이었다. 일 년 내내 여름인 보라보라섬을 떠날 때 입은 반팔 티를 아직 입고 있었다. 캐리어를 열어 겨울 코트를 꺼냈다. 두꺼운 목도리를 목과 머리에 둘렀다. 하루 만에 계절이 달라지는 건 몇 번을 경험해도 신기한 일이었다. 승주가 알려준 대로 일단 신주쿠까지 가는 표를 끊었다. 표에 적힌 자리를 찾아 앉으니 곧 열차가 출발한다는 안내가 나왔다. 창밖 풍경이 숲과 들판에서 도시로 빠르게 바뀌어갔다. 열차의 무료 인터넷을 연결하니, 승주에게 문자가 와있었다. 신주쿠에 도착하는 시간에 맞춰 역에서 기다리고 있겠다는 내용이었다. 문득 우리가 몇 년째 친구인지 궁금해져 손가락으로 세어보다가 말았다. 내 삶에서 승주를 모르던 시간보다 알고 지낸 시간이 더 길었다. 열차 속도가 점점 느려지고, 창밖으로 승주가 보였다.

승주는 일단 집으로 가서 좀 쉬자고 했다. 현관문을 열자 희미하게 나무 냄새가 났다. 거실에서 작은 창으로 주방이 보이는 귀여운 집이었다. 거실에 앉아 조근조근 이야기를 나누다 보니 어느새 졸렸다. 승주는 침대에 있는 전기장판을 켜더니 좀 자라고 했다. 일어났을 땐 이미 밤이었다. 거실에서 티브이 소리가 들렸다. 멍하니 일어나 거실로 가려다가 유리창 앞에 섰다. 멀리 건물이 밀집된 곳에서 빨간 빛을 반짝이는 도쿄타워가 보였다. 이게 승주가 매일 바라보는 풍경이구나. 일본에 왔다는 사실이 실감 났다.

내가 일어나는 소리를 들었는지 승주가 미닫이문을 열고 물었다. "푸딩이랑 계란 샌드위치 사다 놨어. 지금 먹을래?"

따뜻한
목소리

"이거 먹을래?" 도쿄에서 지내는 며칠 동안 제일 많이 들은 말에 순위를 매겨보자면 "아리가토 고자이마스."에 이어 이 말이 올 것이다. 비슷한 말로는 "이거 먹어."나 "뭐 먹을까?"가 있겠다. 그렇게 승주는 내게 자꾸 뭘 먹이고 싶어 했다. 이를테면 편의점이나 마트, 백화점에 나갔다가 푸딩이나 명란 파는 코너를 볼 때, 슈크림 가게를 지날 때, 승주가 남편과 함께 연 야키니쿠 가게에서 고기를 구워줄 때도. 물론 하나같이 내가 좋아하는 음식이었다.

그중에서도 특히 비장한 표정으로 물었을 땐, 기치조지를 걷다가 사람들이 길게 줄 서 있는 모습을 봤을 때였다. 멘치카츠(고기랑 양파 다진 걸 치대서 빵가루에 튀긴 음식)로 명성이 자자한 곳이라고 했다. 이번엔 내가 승주에게 물었다. "너 괜찮겠어?" 아무래도 줄이 길어서 걱정스러웠다. 승주가 첫 아기를 임신하고 있었기 때문이다. "응. 여기 진짜 맛있어. 한 입 딱 베어 물면, 육즙이 장난 아니야." 손을 휘저으며 맛을 설명하는 승주 모습에 웃음이 나왔다. 함께 줄을 섰다. 일본인이 가장 많았지만 여행자도 많아 보였다. 일본어와 중국어, 한국어, 영어 소리까지 시끌벅적한 사이로 차츰 승주의 목소리가 더 선명하게 들렸다. 따뜻한 저음. 가장 오랜 친구인 만큼 승주 목소리는 아주 어릴 적부터 들어와서, 듣다 보면 기분이 편안해졌다. 덕분에 줄은 금방 줄어들었고, 멘치카츠는 승주 것 하나, 내 것 하나 그리고 승주 남편 것까지 세 개를 포장해서 집으로 가져왔다.

지금은 벌써 멘치카츠 맛이 잘 기억나지 않는다. 승주 말대로 육즙이 장난 아니었다는 건 분명하다. 하지만 멘치카츠 맛보다 훨씬 생생한 건 승주와 같이 기치조지를 걷고, 줄을 서고, 집으로 돌아오는 동안 내내 뭐든 더 먹이고 싶어서 자꾸 "먹을래?"라고 물어오던 승주의 따뜻한 목소리다.

오래 두고
가까이 사귄

사실 승주를 만나면 어떻게 말을 꺼내야 할지 내내 고민하던 것이 있었다. 일상이 무너져 내리는 일들을 경험했고, 왜 나에게 이런 일이 일어난 건지 이해가 안 돼서 엉망이 되어버린 시간을 보냈었다. 그럴 때면 내 이야기를 들어주는 승주를 떠올리는 것만으로 힘이 되었다. 만나자마자 울면 어떻게 하지. 울지 말자. 혼자서 몇 번이나 마음을 다잡았었다. 그런데 승주도 내게 전하고 싶은 소식이 있었다. 너무나 좋은 일이라는 것이 달랐지만. 일본에 도착하고 조금 지나서, 승주는 내게 말해주었다. "나 임신했어 태봉아." 승주도 나와 비슷한 시기에 결혼해서 오래 아이가 없었다. 승주의 손을 꽉 잡았다. "어 너 안 울어? 너 완전 울 줄 알았는데." 웃음이 났다. 그렇게 선명한 행복을 느껴보는 건 정말 오랜만이었다. 다른 사람도 아니고 승주였다. "축하해."

바로 한국에서 육아 전문 서적을 주문했다. 평소에 과일을 좋아하지 않는 승주라 일어나자마자 함께 과일을 먹고, 외출해서는 거리에 쏟아져 나오는 사람들과 부딪치지 않도록 한 손으로는 승주를 잡고 한 손으로는 방어를 했다. 승주는 진짜 오버 좀 하지 말라며 웃었다. 해가 지면 불이 켜지기 시작하는 예쁜 집들 사이를 꼭 붙어 걸었다.

나의 슬픔을 말하는 것보다 승주의 기쁨에 대해 더 듣고 싶은 날이 이어졌다. 일주일도 안 되는 짧은 휴가였다. 물론 가끔은 섬에서부터 따라온 고민이 떠올랐다. 특히 승주와 함께 일본어만 나오는 텔레비전을 볼 때나 불 끄고 누워 자려고 노력할 때는 그런 생각들을 떨쳐내기가 더 어려웠다. 부끄럽지만 승주의 행복에 집중하기 위해서 때때로 노력이 필요했다. 같은 풍경을 보면서 전혀 다른 생각을 하지 않기 위한 노력. 이렇게 오랜 친구 사이에서도 완전한 축복이란 불가능한 것일까? 그럴 때마다 나 자신이 무척 시시하게 느껴졌다. 하지만 나는 나를 알았다. 내가 나보다 친구의 행복을 위해 노력하는 것 자체도 드문 일이라서, 이런 마음을 가능하게 해준 승주에게 고마웠다. 젤리곰처럼 생긴 아이의 초음파 사진을 보여주는, 그러면서도 나 먹일 걸 더 챙기는 승주. 그러니까 승주라서 가능한 일이었던 거다. 우리의 오랜 관계가 시간의 부식을 이겨낼 수 있던 건. 내일도 예쁜 말만 나누자고 다짐하면서 다시 텔레비전을 보고, 잠에 들었다.

야경을 보려고 롯폰기힐스에 갔다. 높은 층에 올라가면 도쿄가 한눈에 들어오는 명소라고 했다. 한 남자가 앉아 있었다. 관광객으로 가득한 곳에서 생활의 무게가 느껴지는 정장을 입은 중년의 남자가 있으니 눈에 띄었다. 뒷모습이 쓸쓸해서 한참을 바라보다가, 이런 풍경을 보며 쉬려는 마음이 있는 사람이라면 괜찮지 않을까, 하는 생각이 들었다. 어쩌면 그저 데이트가 있을지도 모를 일인데 주제넘게 내 마음을 투영했다.

휴일의 정의를 찾아보니 '일반적으로 일을 쉬는 날'이라고 한다. 그럼 나처럼 직장이 없는 만년 구직자는 어쩌란 생각을 잠시 해보았다. 하지만 승주와 함께 보낸 도쿄에서의 며칠도 내게는 분명 휴일이었다. 과분한 휴일이었다. 지쳐있던 마음이 그곳에서 분명하게 쉬었으니까. 어디로 여행 가는지, 얼마나 오래 가는지- 그런 것보다 내게 큰 영향을 미치는 건 언제나 함께하는 사람인 것 같다.

이 야경을 보기 위해 올라온 모든 타인들이 혼자가 아니기를, 사람이 있기를 바라며- 승주네 집보다 성큼 가까워진 도쿄타워에 포커스를 맞추고 셔터를 눌렀다.

프롬

달의 뒤편으로 와요

2016년 9월, 프롬은 많은 이들을 달의 뒤편으로 초
대했다. 숱한 가슴과 깊은 상상을 뒤로하고 우리는
그렇게 달로 향하는 티켓을 예매했다. 누군가는 길고
긴 기차를 탔고, 또 누군가는 철제로 만든 우주선을
탔다. 먼 우주로 떠나는 즐거운 휴가가 시작되었다.

에디터 **이자연** 포토그래퍼 **Hae Ran** 장소 협찬 **카페 틈**

달의 뒤편으로 와요

00:04:38

달의 뒤편으로 와요 그댈 숨겨 줄게요
달의 뒤편으로 와요 둘이서 눈을 감게요
조금 슬퍼지고 비틀대어도 아무도 모르는 곳
달의 숲으로 와 빛을 가져요
보석 같은 두 눈에 눈물이 멈출 거야

가만히 잠든 그대의 머리칼을 넘겨줄게요
아무런 대답하지 않아도
지금 이대로 너무 멋질 거야

달의 뒤편으로 와요 그댈 숨겨 줄게요
달의 뒤편으로 와요 둘이서 눈을 감게요
조금 슬퍼지고 비틀대어도 아무도 모르는 곳
달의 숲으로 와 빛을 가져요
보석 같은 두 눈에 눈물이 멈출 거야

여기서 보는 우리의 푸른 별은
참 아름다워요
바람에 그저 우연히 원하는 걸
찾게 될지도 몰라

달의 뒤편으로 와요 그댈 숨겨 줄게요
달의 뒤편으로 와요 둘이서 눈을 감게요
조금 슬퍼지고 비틀대어도 아무도 모르는 곳
달의 숲으로 와 빛을 가져요
보석 같은 두 눈에 눈물이 멈출 거야

조금 슬퍼지고 비틀대어도 아무도 모르는 곳
달의 숲으로 와 빛을 가져요
보석 같은 두 눈에 눈물이 멈출 거야

달의 뒤편으로 와요
달의 뒤편으로 와요
달의 뒤편으로 와요
달의 뒤편으로 와요
달의 뒤편으로 와요
달의 뒤편으로 와요

2016년 9월에 발매된 EP [Erica] 두 번째 이야기인 '달의 뒤편으로 와요'는 프롬만의 정체성이 한껏 강조된 독보적인 사운드가 매력적이다. 우주를 유영하는 듯한 멜로디와 다정한 가사가 어울려 사람들의 차가운 등을 만진다. 집으로 돌아가는 노을 진 저녁, 버스 안에서 멍하니 창밖을 하릴없이 바라보면서 듣기 좋은 곡이다. 무기력한 어느 날, 이름 모를 누군가에게 받은 작고 예쁜 초대장 같다.

봄이 오고 있죠?
오늘 느꼈어요. '진짜 결국 봄이 왔구나.' 하고요. 겨우내 잠들었는데 눈을 뜨니 봄이 온 것 같아요. 겨우내 앨범 작업만 했거든요. 제가 봄이랑 가을을 잘 타요. 계절이 바뀌는 그 순간을 즐기는 편이어서요. 이번처럼 바쁘면 사실 즐길 새도 없이 갑자기 봄이 와 있어서, 얼떨떨해요. 오늘 미세먼지도 없고, 좋아요.

근래에 새 앨범 [Milan Blue]가 발매되었어요.
저는 변덕이 심하고 인내심이 없는 편이에요. 그래서 지루하지 않게 이것저것 해보고 싶은 것을 시도하면서 지내왔어요. 1집 이후 많은 사람들이 조금 더 쉽게 접근하고 들을 수 있도록 대중성을 신경 쓰면서 작업했는데, 반면 이번 앨범은 그 전에 비해 조금 어렵게 받아들여질 수도 있을 것 같아요. 처음으로 전체 제작을 해봤거든요. 제가 시도하고 싶던 것들을 담으려고 노력했어요.

지금까지 앨범 중에서 가장 프롬다운 앨범이라고도 할 수 있을까요?
그렇다고 할 수 있을 것 같아요. 사실 뮤지션들이 가장 자기답다고 하는 앨범은 대부분 1집이에요. 제가 1집 이후로 이것저것 시도했는데, 이번 앨범은 다시 그때로 돌아간 듯한 느낌도 나요. 그 동안의 많은 경험을 비롯해서 차분히 생각하게 하는 것 같아요.

저는 마감 있는 삶을 살고 있는데, 마감 날짜를 지나버리면 돌이킬 수 없는 시점이 오는 거잖아요. 지금밖에 없다는 압박을 받곤 해요. 앨범을 만들 때 이런 기분이 든 적이 있나요?
뮤지션에게 다 같은 숙제일 거예요. 저는 기한을 두는 편인데요, 작업을 하면서 제가 마감이 필요한 유형이라는 걸 알게 된 거죠. 데드라인이 있고 나 자신을 채찍질해야 그 시간 안에 마침표를 찍을 수 있더라고요. 다행인 건 그나마 책임감이 있어서 그 사이에 어떻게든 원하는 대로 완성을 하려고 노력해요. 마음에 안 들면 미루는 한이 있더라도 시간제한을 둬야겠더라고요. 곡은 평소에 쓰지만 장식하고 편곡하는 데 꽤 오랜 시간이 걸려요.

원래부터 꿈이 가수였어요? 어릴 적 프롬이 궁금해요.
어릴 적부터 한결같이 가수가 꿈이었어요. 가수라고 해서 노래만 부르는 게 아니라 창작을 하는 사람이 되고 싶었어요. 생각하는 걸 직접 만들어서 친구들과 어울려 살아가는 게 기본적인 모토였거든요.

자기표현에 익숙했던 걸까요?
지금 생각해보면 나를 드라마틱하게 드러내고 표현하는 습성이 있던 것 같아요. 그림을 그리거나 연극을 하면서요. 이런 걸 전부 조금씩 좋아했어요. 시나리오를 쓰고 연극부를 만들어서 발표도 하고, 음악을 만들어서 친구들에게 들려주기도 하고요. 만화를 그려서 보여준 적도 있어요. 그땐 그게 하나의 놀이였고 유희였던 거죠.

지금까지 만든 곡들 중 유난히 애틋하게 다가오는 것도 있나요?
항상 있는데, 막상 물어보면 하나를 고르기가 무척 어려워요. 최근에 자주 듣는 곡은 '서로의 조각'이에요. 그 전까지의 프롬과는 조금 다른 스타일의 음악이지만 제가 해보고 싶은 부분으로 절충한 곡이었어요.

어떤 인터뷰에서 아티스트와 대중성의 간극을 고민한 적이 있다는 말을 보았어요.
사실 저는 그런 부분에 대해 뚜렷한 생각이 있지는 않아요. 되는 대로, 제가 그 시기에 꽂힌 데 집중하는 편이죠. 그런데 1집 이후 평론가들이 저에 관해 좋은 글을 써주고 제 입지가 점점 넓어지면서 팬이 많이 생겼는데, 실질적인 매출이나 수익성으로 직결되지는 않더라고요. 어디선가 저의 음악이 거론되는 것에 비해, 일반인들에겐 아직 낯선 뮤지션이었던 거죠. 그땐 어려서 수익성 이야기가 부담스럽게 느껴지기도 하고, 그 자체가 너무 직접적으로 와 닿기도 했어요. 그렇다 보니 "나는 이런 거 상관없어. 그냥 나 하고 싶은 대로 할래."가 전혀 안 되는 거예요. 그때부터 조금씩 절충하려고 한 것 같아요. 저도 넓게 팬층을 확보하고 싶다는 생각이 있기도 했고요. '리버브Reverberation'라고 울리는 소리를 제가 좋아하는데, 그런 소리를 보컬에 입히면 대중가요를 좋아하는 사람들에게 낯설게 들리는 거예요. 약간 소리가 멀거든요. 일반적으로는 보컬이 앞에 나와 있어요. 바로 귀에 들어오도록요.

많은 인디 뮤지션이 고민하는 부분일까요?
그런 사람들도 있죠. 그런데 대부분 본능적으로 자기의 색깔과 방향을 잘 알고 있는 것 같아요. 어쿠스틱하고 말랑말랑해서 사람들이 비교적 쉽게 듣는 음악이 자기만의 감성인 사람이 있고요, 또 조금 매니악한 가수들을 보면 자기 타협이나 절충이 안 되는데, 그래야만 마음 편해하는 경우도 있거든요.

장르별 다양성이 인정되어야 차이에 관한 인지가 더 탄탄해질 수 있을 것 같아요. 그래야 대중적이어야 성공한다는 인식이 와해되지 않을까 싶거든요. 대중적이라고 해서 예술적이지 않은 게 아니고, 자기 색깔이 진하다고 해서 대중적이지 않은 게 아니니까요.
그렇죠. 그런데 그 사이의 절충을 말할 때 억지로 참고 헌신하는 개념은 아니에요. 노래를 부를 때 이런 방향으로 가면 청중에게 조금 더 친절하고 쉽게 들릴 수 있겠다, 생각하는 거죠.

프롬의 노래를 말할 때 음색을 빼놓을 수 없잖아요. 프롬도 자신의 목소리를 사랑하는지 궁금해요.

지금은 사랑하는데 원래 자존감이 높은 아이는 아니었어요. 20대 초반까지 남들과 비교해서 평균을 맞추려고 노력하는 사람이었거든요. 남들에 비해 내가 뛰어난 부분은 자르고, 안 되는 부분은 감추려고 하면서요. 내가 원하는 사람들의 분위기에 맞추려고 했어요. 하지만 세상에서 가장 중요한 건 나 자신이고 창작자이기 때문에 나의 독보적인 색이 중요하다는 것을 알아가면서 내가 나의 무기가 될 수 있다는 것을 깨달았어요. 그러면서 나를 향한 애착이 넓어진 것 같아요.

예술은 기준이 없다 보니 수많은 시선과 기준 사이에 자기 확신을 갖는 게 중요할 것 같아요.

자기 자신에 대한 확신이 정확해져야 더 단단해져요. 계속 해나갈 수 있는 힘이 생기거든요.

어떻게 자신을 믿을 수 있게 됐나요?

이게 어려운 건 남들의 시선에서 벗어나 자기를 고착해야 가능한 것처럼 보이지만 사실 그런 것만은 아니에요. 제가 무척 좋아하는 소설 《달은 스스로 빛나지 않는다》 속에 이런 문장이 나와요. "우린 별이 아니라 스스로 빛나지 못하는 차갑고 검은 덩어리예요. 존재란 스스로 빛날 수 없는 것… 누군가의 시선 속에서, 타인과의 관계 속에서 만월도 되고 때론 그믐달도 되고, 그런 것 같아요." 인간은 사회적인 동물인 만큼 곁에 있는 사람들의 의견과 이야기가 자신을 만드는 부분도 있는 것 같아요. 그리고 저는 그게 많은 도움이 되었어요. 결이 맞는 사람들과 함께 있을 때, 빛을 발하면서요.

앨범을 내고 데뷔를 하고 드라마 OST 작업도 하고 콘서트도 했어요. 그동안 많은 일이 벌어졌죠.

무척 고맙고 감사해요. 사실 뮤지션들 중에서 다음이 이어지지 않고 음악만으로 생활을 영위하기 어려운 이들이 많이 있거든요. 다음 일을 이어나갈 수 있고, 저를 기다리는 사람들이 있고, 공연을 보러 오는 사람들이 있다는 건 예술가로서 정말 감사한 일이에요.

MBC 〈무한도전〉의 '토토가 H.O.T편'을 보는데, 진짜 팬이 이 모든 것을 완성했다는 생각이 들더라고요. H.O.T가 당시에 큰 인기를 누리고 지금 재결합 무대까지 꾸리게 된 건 모두 팬 덕분 같았거든요.

저도 초등학교 때 한창 열병을 앓던 사람 중 하나였어요. 그땐 그런 게 공기 같았어요. 신드롬이었죠. 숨만 쉬면 그들을 볼 수 있었고 어디든지 그들이 있었어요. 그런 시대였죠. 그런 순간들이 자연스럽게 지나왔는데, '캔디'를 듣는 것만으로 초등학교 시절이 자연스럽게 떠오르더라고요. 음악을 만드는 사람으로서 누군가에게 내 노래가 그런 의미일 수도 있지 않을까 하는 바람 비슷한 생각도 해요.

쉴 땐 뭐하며 지내요? 빈 시간을 채우는 방법이 있나요?

혼자 아무것도 안 한다고 하면 주변에서 "어떻게 아무것도 안 해?"라고 묻는데 저는 집순이라 정말 뒹굴뒹굴하면서 집에만 있어요. 그래도 바빠요. 약속 있으면 "아 오늘은 딱 누워있는 각인데(웃음)." 하면서 수십 번 취소할까 말까 고민해요. 친구들 만나 놀면서 평범하게 보내고, 또 시간이 되면 여행도 가려고 하고요.

최근에 기억에 남는 여행이 있나요?

작년 4월부터 9월까지 계속 해외에 나가 있었어요. 거의 여행의 신이 저에게 깃든 것처럼요. 역마살이 정말 제대로 든 거죠. 도쿄에 뮤직 비디오 촬영하러 갔다가, 쿠바에 가게 되고요.

쿠바요? 저도 가보고 싶은 곳이에요!

쾌적한 분위기는 아니지만 독특한 색채가 있는 곳이죠. 인터넷도 안 되니까 모든 게 아날로그적이기도 하고요. 사람들도 무척 즐거워 보여요. 그렇게 쿠바에 있다가 영국으로 넘어갔어요.

쿠바에서 영국이라니, 조금 뜬금없네요.

모두 일 때문에 간 거였어요. 영국은 글라스톤베리 페스티벌Glastonbury Festival에 피터팬 컴플렉스가 가게 됐는데, 제가 피처링한 곡이 있어서 저도 함께 간 거예요. 그 뒤로 아이슬란드에서 밀라노를 갔다가 대만도 가고요. 중요한 건 모두 일정이 있어서였어요. 제 돈 주고 간 게 아니고요(웃음).

낯선 곳으로 떠나는 건데, 그 환경이 영감을 주기도 하나요?

직접 경험한다고 해서 그게 바로 가사나 멜로디가 되지는 않아요. 그런 게 쌓였다가 꺼내질 때가 있기는 하죠. 이번 싱글 앨범 제목이 'Milan Blue'잖아요. 그날 밀라노의 하늘 색깔에 이름을 붙인 거예요. 그날의 색깔을 아무리 찾아도 없더라고요. '베를린 블루', '미드나잇 블루'라는 색도 있는데 '밀란 블루'는 없더라고요. 그래서 제가 그렇게 부르기로 한 거죠. 밀라노에서 본 파란색을 베를린 블루라고 지으면 좀 이질적이잖아요(웃음).

저는 락 페스티벌(이하 락페)을 무척 좋아해요. 락페 특유의 느낌이 있잖아요. 이렇게 공통된 취향을 갖고 있는 사람들이 열심히 일하면서 각자의 삶을 살다가 어디서 갑자기 모여들었을까, 싶거든요. 왠지 모두 귀여워요.

락페의 에너지가 무척 좋아요. 특히 한국 사람들이 갖고 있는 흥이 무척 좋아요. 이렇게 잘 노는 사람들이 맨날 야근하고 직장에 매여있는 게 안타까워 보이기도 해요. 내한 공연만 봐도 다 함께 어울려 떼창을 하고, 잘 알려지지 않은 가수도 미리 잘 알아보고 오잖아요. 그 기호나 열정이 어느 나라에게도 뒤지지 않는 것 같아요. 늘 즐길 준비가 되어 있는 것 같거든요. 이런 사람들이 고삐가 풀릴 일들이 더 많았으면 좋겠어요.

영국에서 글라스톤베리 페스티벌도 갔다고 하셨죠.

글라스톤베리 분위기는 우리하고 조금 달라요. 조금 더 열린 느낌이랄까요? 한국에서는 직장생활을 하다가 주말에 쉬러 오는 거니까 도심과 가까워야 하고, 기업이 함께 준비하는 페스티벌이니까 체계적이고, 어떤 부분이 맘에 들지 않으면 컴플레인도 제기할 수 있어요. 근데 글라스톤베리 페스티벌의 경우, 일단 그곳에 가는 것부터가 비행기를 타고 먼 시골에 가야 하니까, 아예 마음먹고 쉬러 오는 거예요. 화장실도 푸세식이죠. 정말 다 떨어져 있어요. 음… 그 밑에 오물들이요. 그런데 그냥 맨발로 들어가요. 그런 게 전혀 문제되지 않는 거죠. 그리고 모두 텐트를 가지고 와요. 이 사람들은 영혼의 뼈 마디마디까지 놓아버리는 느낌이에요. 즐기는 경계가 다른 것 같아요. 무엇보다 그게 아주 오랫동안 그들에게 익숙한 문화가 되었다는 느낌이 들어요.

인간 본연의 원시적인 모습으로 돌아가는 것 같아요. 인간 자체로 음악을 즐기는 거잖아요.

맞아요, 정말 원시적인 때로 돌아가는 거예요. 거의 태어난 직후의 상태로 돌아가는 느낌이에요. 메인 스테이지에 라디오 헤드가 와도 꽉 껴서 밀치는 일이 없어요. 모두 춤추고 놀기 바쁘죠. 마음만 먹으면 누구나 앞으로 나갈 수도 있어요. 약 20만 명 정도가 모여든다고 하더라고요.

그 정도면 도시 아니에요?

하나의 도시가 만들어졌다 사라지는 거예요. 평소에는 그 부근이 모두 가축 목장이어서 여기저기 오물 냄새가 나기도 해요. 그런데 아무런 불평불만도 없이 놀아요. 흙이 돼서 노는 것만 같았어요.

한국 사회는 소장 문화가 깊지 않다는 생각이 종종 들 때가 있어요. 음악뿐만 아니라 만화, 영화 등에 정당한 값을 지불하는 데 인색하기도 하고요.

이런 글을 본 적도 있어요. 카페에서 음악을 틀면 저작권료를 징수하는데, 한 달에 2만원 정도를 내라는 거였어요. 그런데 댓글에 이미 플레이 이용권 비용을 내고 있는데 그것도 내야 하냐는 말이 대부분이더라고요. 사실 시간당으로 계산하면 백 원, 이백 원 정도거든요. 반면에 제 음악을 좋아하는 분들은 굿즈 같은 걸 꾸준히 원해요. 소장하고 싶어 하는 사람들도 있는 거죠. 전체적으로 보았을 때 결국 음반 시장의 시스템 자체가 바뀌어야 해요. 저도 정확히 몰랐는데, 스트리밍 한 번 하면 가수한테 0.02원이 돌아온대요.

그 정도면 할푼리 아니에요? 2푼….

진짜 그렇다고 하더라고요. 유통사와 제작자가 대부분 가져가니까요. 이런 관점에서 보면, 한 달에 이미 7~8천원을 내고 있는데 내가 왜 또 돈을 내야 하냐는 이야기는 이해할 수 있어요. 그런데 그 돈이 창작자한테 안 돌아오는 게 문제인 거잖아요. 창작자가 힘들 수밖에 없는 시스템이에요. 우리나라 음원 사업은 벨소리 문화에서 시작되었다고 해요. 벨소리를 판매하다가 음원화된 거죠. 3대 통신사가 벨소리 시장을 독과점했고, 이 흐름을 사람들이 너무 자연스럽게 받아들여 온 거예요. 이런 문제를 바꿀 수 있는 힘이 그들에게만 있는데 정작 그들은 이 체계를 바꿀 이유가 없죠. 큰 폭리를 취하고 있으니까요. 법적인 제제가 없으면 바뀌진 않을 거예요.

프롬의 앨범에서 마음 깊숙한 곳에 남아있는 사람이 있는 것 같다는 생각이 들기도 했어요. 달의 뒤편으로 부르고 싶은 사람은 누구예요?

이름을 얘기해야 하나요(웃음)? 사실 그 노래는 친구들에게 말해주고 싶어서 만든 거예요. 다들 늘 힘들어하니까요. 제가 예술을 늦게 시작한 편이고 학교도 그 분야로 나오지 않아서 주변에 평범한 직장에 다니는 친구들이 많거든요. 예술 하는 사람들이 우울을 직접 대면할지언정 삶의 일부로 받아들이는 게 대부분이라면, 규칙적인 삶을 살아가는 친구들은 거기에 억눌리면 무척 괴로워하는 것 같아요. 거기서 벗어나는 게 어려우니까요.

예전에 아일랜드를 여행한 적이 있어요. 그때 프롬의 '너와 나의'만 내내 들었는데, 그래서 그런지 '너와 나의'를 들으면 아일랜드가 떠올라요. 프롬에게도 어떤 공간이 떠오르는 노래가 있나요?

제가 스물여덟 살 때 처음 유럽에 갔어요. 스위스와 파리를 갔죠. 그때 파이스트Feist의 'Mushaboom'을 무척 좋아했어요. 그 노래를 들으면 파리 중심에 있던 날의 기분이 떠올라요. 작년에는 제가 아이슬란드 여행을 하면서 '뮤Mew', '시규어 로스Sigur Ros' 노래를 엄청 들으면서 다녔거든요. 한스 짐머Hans Zimmer의 'First Step'도요. 이 노래들을 들으면 빙하를 보면서 한창 달려가던, 그 스산한 기괴함을 마주하는 것 같아요.

몽환적인 노래 분위기 때문에, "우주가 음악이 된다면 이런 노래이지 않을까?" 하는 생각이 들어요. 아티스트는 결국 세상을 관찰하는 사람이잖아요. 그리고 프롬은 자기만의 방식으로 이 세계를 부유하고 있고요. 그 관찰 방식이 궁금해요.

예전에는 그런 게 콤플렉스인 적도 있었어요. 제가 워낙 연민이 많은 사람이어서 그런지, 항상 그늘에 있는 게 먼저 눈에 들어왔어요. 해가 나오면 해가 비추는 꽃을 보기 마련인데 저는 꼭 그늘에 있는 풀을 보는 거죠. 사서 힘들어하는 스타일 있잖아요. 외로움은 나이가 들면서 느끼는 거라지만, 존재의 외로움은 늘 고민해온 것 같아요. 태어남과 동시에 고통인 것 같기도 했고요. 동물에 관한 시선도 그래요. 많은 분들이 움직이고 있지만, 여전히 마음 아픈 일들이 일어나고 있잖아요. 완전히 해결될 것 같지 않아 보이고요. 그런 걸 생각하면 항상 힘들었어요. 제가 외향적이고 밝고 웃긴 사람이더라도 내면적으로 우울을 알고 있고, 앓고 있는 것은 어쩔 수 없어요. 하지만 예전에는 모든 것에 절절히 마음 아파하고 고통스러워했다면 이제는 조금 거리를 두고 이 자리에서 내가 할 수 있는 것만 하려고 해요. 모든 걸 둘춰볼 생각은 하지 않는 거죠. 비겁해 보일 수도 있지만, 제 마음을 통제하면서 행동하는 게 필요하니까요.

프롬의 노래로 제 마음이 보호받는 듯한 느낌이 들곤 했어요. 눈에 보이지 않는 교감을 한 거잖아요. 감상을 하는 사람은 그런 걸 느끼는데, 보내는 사람도 느낄까 궁금해요.

생각보다 팬분들이 직접 메시지도 많이 보내주고 표현도 잘 해주세요. 저는 어떤 누군가의 작업이 좋다고 해서 선뜻 손을 내미는 편은 아닌데 직접 생각을 표현해주시는 모습을 보면 깜짝깜짝 놀라곤 해요. 직접 공연장에 찾아오는 사람들을 볼 때 가장 큰 희열을 느끼죠.

그중에서 가장 기억에 남는 말이 있나요?

제 노래로 어떤 시간을 버텼다는 말이요. 진부하게 들릴 수 있지만 이 말이야말로 어떤 미사여구 없이도 가장 좋은 말 같아요. 제가 그들을 직접 받쳐준 건 아니지만, 제 노래가 기여를 했다는 게 무척 뿌듯해요.

이제 마지막 질문이에요. 앞으로 이런 시리즈 질문을 만들어보려고 해요. 첫 번째 답변자이기도 한데요, "이 세상엔 ○○○이 너무나 많아!"라는 말의 빈칸을 채워주세요.

세상엔 대답하지 않아도 될 질문이 너무 많다! 누군가의 걱정과 사회적 잣대에 기준을 둔 염려 때문에 가끔은 자신을 완전히 잃을 수도 있다는 걸 기억하려고 해요. 인간이 건강하게 살아있는 시간은 생각보다 짧고 누려야 할 것은 마음만 먹으면 주변에 널려있으니 소소한 일들로 영혼을 성장시키며 하루하루 열심히 최대한 쾌락하며 살아보려고요.

한때 나는 하고 싶지 않은 일로 밤을 가득 채운 적이 있었다. 입시 학원에서 콩나물 시루처럼 시든 아이들에게 억지로 힘을
빌려주며 영어를 가르쳤다. 결코 아름답지 않은 시간이었고, 이렇게 지나간 오늘의 개수가 얼마나 되었을까 까마득했다. 그
즈음 프롬을 만났고, 그녀의 이야기와 목소리를 들었다. 노래를 부르지 않는 사람으로서, 노래에 대해 얼마나 멋지게 말할
수 있을까. 그건 내가 선택한 문장도 단어도 아니다. 다만, 유일하게 단언할 수 있는 말이 있다면 그토록 어두웠던 시기를 탄
탄히 보호해준 것은 그녀의 노래였다는 것이다. 만일 삐거덕거리는 시간을 통과하고 있다는 생각이 든다면, 기꺼이 프롬의
노래를 선물하고 싶다. 어느 순간 자신도 모르게 달의 뒤편으로 향해있을지 모르겠다. 그건 정말이지, 너무 근사한 일이다.

A Perfect Holiday

완벽한 휴일

휴일에 우리는 어떤 특별한 일도 하지 않는다. 우리는 심심하고 단순하고 똑같이 산다. 나는 안다. 내가 나중에 모든 것을 잃었을 때, 심지어 나 자신까지도 잃게 될 때, 그때 가장 그리워할 것이 지금의 휴일들이라는 것을. 세상과 가장 멀리 있는 것 같으면서도 세상과 가장 가까운, 나의 완벽한 휴일을 위한 두 권의 책이 있다.

글 한수희 일러스트 김지하

학교를 졸업하고 회사에 다니기 시작한 후 늘 일과 사생활의 분리에 애를 먹었다. 내게는 그 문제야말로 다른 어떤 문제보다도 중요하고 또 어려운 문제였다. 필요한 시간은 부족했고 요구되는 노력은 끝이 없었다. 일 자체가 문제였을까. 그럴 수도 있고 아닐 수도 있었다. 어느 누가 일하면서 매순간 매초 마음이 설레고 행복감과 만족감에 몸부림치겠는가. 일은 즐거울 때도, 괴로울 때도 있었다. 다만 퇴근 시간이 되어 사무실을 떠나면서부터는 머릿속에서, 마음속에서 일 생각 같은 건 몰아내고 사생활을 찾아야 했는데 아무리 해도 되지 않았다. 일 걱정은 꼬리에 꼬리를 물었다. 잠들기 전마다 불안감이 목 끝까지 차올랐고 일요일 오후 8시부터는 우울감에 잠겼다. 다시 돌아오지 않을 현재에 충실하지 못한다는 생각에 더 초조해졌다.

지금 나는 어쩌다 보니 자영업자로 살고 있는데, 그것은 일과 사생활의 분리 같은 건 아예 포기해야 한다는 것을 뜻한다. 일이 곧 사생활이고 사생활이 곧 일이다. 농사를 지어 먹고 살던 농경사회 농부들처럼 일하는 틈틈이 사생활을 처리하고 사생활의 짬짬이 일을 한다. 일하지 않으면 아무것도 얻지 못한다. 아무것도. 좋으냐, 나쁘냐로 가볍게 판가름하기 힘든 생활 방식이다. 회사에 다니지 않아 전과는 확연히 달라진 것이 있다면 아무래도 휴일을 보내는 방법일 것이다. 지금의 우리는 휴일에 대개 아무것도 하지 않는다. 특별한 일이 없는 한 외식을 하러 가지도, 쇼핑을 하러 가지도 않는다. 여행을 가는 일도 극히 드물다. 뼈를 깎는 노력으로 자제하거나 무기력해서 도통 의욕이 솟지 않는 것과는 다르다. 회사에 다니면서 휴일마다 해야 한다고 믿어온 것들을 과연 내가 진실로 원했는지 의심스러웠기 때문이다. 어쩌면 그 시절 나는 일상에서 달아나기 위해 억지로 비일상을 만들어내며 살아가고 있었는지 모른다.

어른이 되면 자신이 두 개의 반쪽으로 존재한다는 걸 알게 된다. 여가와 일. 그리고 이 둘을 고려하여 세상을 본다. 여가를 즐길 때는 찬란한 빛을 기억하고, 일할 때는 결실을 추구한다.

하지만 그 어린 시절에 나는 그런 것들을 생각하지 않았다. 그저 초록의 세계로 들어가 나의 집을, 나만의 덮개를, 꿈을, 풀의 궁전을 지었다.

— 메리 올리버, 《완벽한 날들》 중에서

미국 시인 메리 올리버의 산문집 《완벽한 날들》을 나는 여러 번 읽었다. 제목에 반해 도서관에서 빌려 읽고, 다 읽고 나서는 너무 좋아 사서 다시 읽었다. 나는 이 책을 읽고 또 읽는다. 읽을 때마다 전에는 보지 못하던 것들을 발견한다. 숲속 나무 그림자 속에 깊숙이 숨어 있는 이끼나 버섯, 작은 꽃 등을 발견하는 것처럼. 이 친구들을 발견하려면 발걸음을 멈추고 시간을 들여 더 열심히 보아야 한다. 그리고 아무리 자주 해도 숲속 산책이 질리지 않듯이 메리 올리버의 책을 읽고 또 읽는 일도 질리지 않는다.

세상이 우리를 필요로 하는 만큼 우리에게도 세상이 필요하다. 은밀히, 친밀하게, 확실히. 우리에게 종달새가 날아오르는 들판이 필요하다. 우리에게 새는 단순한 새 이상의 존재, 우주의 목소리다. 신성한 기쁨으로 충만한 힘찬 목소리. 물질세계가 없다면 그런 희망은 산산조각 난다. 고갈된다. 야생의 세계가 없다면 그 어떤 물고기도 눈부신 빛을 발하며 물 위로 뛰어오를 수 없고, 그 어떤 사슴도 영원한 물처럼 부드러이 들판을 달릴 수 없다. 그 어떤 새도 날개를 펴고 자연의 계획까지도 넘어서는 자신감과 모험심과 용기를 품을 수 없다. 우리도 마찬가지다.

— 메리 올리버, 《완벽한 날들》 중에서

시인의 글을 읽고 나니 얼마 전 도서관에서 발견한 다른 책이 떠올랐다. 역시 제목에 끌려 집어 든 책은 조선시대의 문인 허균이 지은 《숨어 사는 즐거움》이다.

서리가 내려 나뭇잎이 떨어질 때
성긴 숲 깊숙한 곳의 나무 밑에 앉았노라면,
누런 낙엽이 나부껴 옷깃에 떨어지고
들새는 나뭇가지로 날아와 사람을 엿본다.
황량한 곳에도 자못 탁 트인 듯한 운치가 있는 것이다.

— 허균, 《숨어 사는 즐거움》 중에서

《홍길동전》의 저자인 허균은 질식할 듯 폐쇄적이고 엄숙한 유교 사회의 아웃사이더였다. 30대에서 40대 초반에 이르기까지 수차례 관직에서 파면된

그가 마음을 다잡기 위해 읽은 문장들을 모아둔 이 책은 그러니까 허균의 독서노트 같은 것이다. 세속에 배반당한, 세속을 견딜 수 없던 그 시절의 그는 자연과 벗 삼아 살아가던 옛 사람들의 글을 곱씹어 읽으며 현실을 견디었을 것이다.

이 글들은 어린 시절 영문도 모른 채 외워야 했던 교과서 속의 고리타분한 글들과 비슷하다. 학교를 졸업한 이후로는 생각조차 하지 않고 살던 글들. 하지만 알게 모르게 그 문장들은 내 몸과 마음에 스며들었을 것이다. 그래서 아주 오랜 시간이 지나 이런 글을 읽을 때마다 뜨끔해지는 것이다. 부모의 말을 흘려듣고 살아온 지난날이 조금은 부끄러워진 여자처럼. 어느 순간 그 시절의 부모와 비슷한 나이가 되었다는 것을 깨달은 여자처럼.

무릇 바람과 달은 돈을 들여 사지 않을뿐더러, 그것을 가져도 누가 금할 이가 없는 것이니, 태백과 동파의 말이 진실이다. 그러나 맑은 바람과 밝은 달을 즐길 줄 아는 사람은 세상에 몇 사람 되지 않고 맑은 바람과 밝은 달도 일년 동안에 또한 몇 날도 되지 않는다.

　　　　　　　　　　　　　－ 허균, 《숨어 사는 즐거움》 중에서

허균이 찾아내 되새김질한 이 문장은 메리 올리버가 말한 다음의 문장과 비슷하게 겹친다.

미는 목적을 지니고 있으며 그걸 직감하는 게 평생, 계절마다 우리에게 주어지는 기회고 기쁨이다. 우리가 그런 욕구를 느끼는 건 우리 외부의 것들 때문이 아니다. 질문들과 그 답을 얻으려는 노력은 우리 내부에서 나온다.

　　　　　　　　　　　　　－ 메리 올리버, 《완벽한 날들》 중에서

메리 올리버는 바닷가에 있는 집에서 산다. 매일 산책을 하다가 도중에 멈춰서 노트를 꺼내 떠오르는 생각을 적는다. 시인은 아주 작은 것도 놓치지 않는다. 모든 것이 놀랍고 경탄할 대상이 된다. 바다, 파도, 모래, 물고기, 새, 눈, 나비, 벌레, 나뭇잎, 바람, 햇살. 그리고 나는 그녀에게서 배운다. 세상은 놀랄 정도로 아름다운 곳이고, 그 아름다움은 눈을 크게 뜨고 발걸음을 잠시 멈추어야만 보이는 것이구나.

휴일마다 우리는 푹 자고 일어나 푸짐히 아침을 차려 먹는다. 냉동실에 얼려 둔 빵을 꺼내어 굽고 찻물을 올린다. 샐러드를 만들 푸성귀들을 차가운 물에 씻은 후 물기를 빼고 달걀을 깨서 휘저어 오믈렛을 만든다. 버터를 자르고 잼을 그릇에 덜어놓는다. 식탁 위에 접시를 올리고 티백을 넣은 컵에 팔팔 끓는 물을 세차게 붓는다.

아침을 다 먹고 나면 창문을 열어 환기를 시키면서 청소를 하고 빨래를 세탁기에 넣는다. 청소를 마친 쾌적한 실내에서 책을 읽는다. 물론 스마트폰을 뒤적거리거나 영화를 볼 때도 있다. 창으로 햇살이 깊숙이 들어오고 나는 언제나 그 손님을 환영한다. 창문 너머 새들이 지저귀는 소리와 산길을 걷는 사람들이 나누는 이야기 소리도 들린다. 그 둘은 비슷하게 아름답다.

오후가 되면 우리는 산책을 나간다. 특별할 것 없는 산책이다. 골목을 지나 산자락을 따라 걷다가 야트막한 산에 올라가 보기도 한다. 보통은 우리가 앞장서다가 아이들이 우리를 따라잡고, 때로는 그 애들이 우리를 새로운 길로 안내한다. 걸으면서 산책이 싫다고 투정을 부리던 아들의 표정이 점점 밝아진다. 우리는 이야기를 하며 웃다가 또 말없이 걷다가 또 이야기하기를 계속한다. 산책을 마치고 집으로 돌아와 저녁을 준비하면서 TV를 틀고 좋아하는 프로그램을 본다.

우리는 휴일마다 비슷한 스케줄을 반복한다. 이 단순성과 반복성이 우리에게 힘을 준다. 월요일부터 이어질 생활의 재미있는 부분들과 재미없는 부분들을 비슷한 집중력과 인내심으로 처리할 수 있을 힘을. 그러면서 우리를 둘러싼 세상의 조용하고도 경이로운 변화들을 놓치지 않을 예민함과 섬세함을 유지하게 해준다.

나는 날마다 내 풍경 속을 걷는다. 늘 똑같은 들판, 숲, 창백한 해변. 늘 똑같은 푸른빛으로 즐겁게 넘실대는 바닷가에 선다. 늦은 여름 오후, 보이지 않는 바람이 거대하고 단단한 똬리를 틀고, 파도가 흰 깃털을 달고 해변을 향해 달려와 소리 지르며, 고동치며 마지막 상륙을 감행한다. 나는 그런 순간들을 기억도 할 수 없을 만큼 무수히 목격했다. 여름이 물러가고, 다음에 올 것이 오고, 다시 겨울이 되고, 그렇게 계절은 어김없이 되풀이된다. 풍요롭고 화려한 세상은 우주 안에서 그 뿌리, 그 축, 그 해저로 조용히 그리고 확실히 흔들리고 있으니까. 세상은 재밌고, 친근하고, 건강하고, 믿을 수 없을 정도로 상쾌하고, 사랑스럽다. 세상은 정신의 극장이다. 하나의 불가사의에 지극히 충실한 다양함이다.

― 메리 올리버, 《완벽한 날들》 중에서

한 친구가 있다. 정확히는 친구의 친구다. 오래전에 알았으나 그 이후로는 소식만 전해 듣는다. 그 애는 지금 캐나다에 있어. 공항에서 전화를 걸어서 이렇게 말하더라고. 지금 캐나다로 가는 비행기를 기다리는 중이야. 그런데 돈이 한 푼도 없어. 10만원만 빌려주면 안 될까? 그 애는 그 10만원을 들고 캐나다에서 몇 년을 버텼대. 세상에나. 지금은 호주에 있어. 그 애는 거기서 뭘 하는 거야? 그냥 일하고, 자신이 원하는 대로 살아. 자신이 살고 싶은 곳에서, 살고 싶은 삶. 이제 그 애는 유럽에 있어. 이제는 캐나다에 정착할 생각이래. 드디어.
우리는 그 애의 소식을 철새의 이동 경로처럼 전해 들었다. 그러면서 생각했다. 그런 삶도 있구나. 나에게는 무리야. 엊그제 또 그 애의 소식을 들었다. 그 애는 수술도, 치료도 불가능한 암에 걸려서 한국으로 돌아왔어. 경기도 어딘가에 말기암환자들이 사는 공동체가 있는데 그곳에서 지내고 있어. 생각보다 담담하게 자기 운명을 받아들이고 있어. 하고 싶은 것을 하고 만나고 싶은 사람들을 만나는. 거짓말 같은 인생.
이야기를 듣고 난 다음 날, 내게는 세상 모든 것이 이해할 수 없는 것으로 보인다. 혼란스럽다. 심지어 길을 가는 나이 든 할머니들까지도. 그 애는 저 할머니들처럼 오래 살 수 없겠구나. 모르겠다. 정말로 모르겠다. 사는 게 무엇인지, 어떻게 살아야 하는 건지 모르겠다. 이 삶이 우리에게 기대하는 건 무엇일까. 우리는 이 삶을 어떻게 받아들여야 하는 걸까.

이날 물 위를 미끄러져 나아가는 내내, 다른 많은 날들에도 그랬듯이 작은 노래 하나가 내 마음에 흐른다. 음악적이라 노래라고 했지만, 사실은 그냥 말들이다. 이상하지도 복잡하지도 않은 하나의 생각이다. 사실 그런 오후에 그런 생각을 안 한다면, 머리와 몸에 그런 음악이 흐르지 않는다면 얼마나 이상한 일인가. 그 말들은 이렇다. 세상이 이토록 아름다운 건 어떤 의미일까? 그리고 난 그것에 대해 어떻게 해야 할까? 내가 세상에 주어야 할 선물은 무엇일까? 나는 어떤 삶을 살아야 하는 걸까?

― 메리 올리버, 《완벽한 날들》 중에서

내가 만일 내일 죽게 된다면 어떤 일을 가장 그리워하게 될까. 어떤 일을 할 수 없는 것이 아쉬울까. 안다. 내가 내일 당장 죽지 않을 가능성이 죽을 가능성보다 높다는 것을. 하지만 죽음이 아니라 하더라도 곧 나는 모든 것을 잃게 될 것이다. 우선은 아이들이 우리 곁을 떠날 것이다. 남편과 나는 나이가 들 것이고, 둘 중 누군가가 먼저 떠날 것이다. 그리고 곧, 남은 하나도 떠날 것이다.
그때가 오면 아마 나는 다른 어떤 일보다 나의 휴일들을 가장 그리워할 것이다. 아무것도 하지 않는, 아무 일도 일어나지 않고, 단순하며 또 반복되는, 매번 똑같이 완벽한 나의 휴일들을. 세상 돌아가는 일과 별 관계없으면서도 세상과 가장 가까워지는 일들을 하는 나의 휴일들을.

의리를 말한 글을 읽고, 법첩의 글씨를 익힌다.
맑은 마음으로 고요히 앉아 유익한 벗과 청담을 한다.
몇 잔 술로 얼근해지면 화초에 물을 주고 대나무를 심는다.
거문고를 듣다가는 학을 애완하고,
향을 피우다 차를 달인다.
배를 띄워 산수를 구경하고 장기와 바둑에도 뜻을 붙인다.
비록 다른 낙이 있다손 치더라도 나는 바꾸지 않으리라.

― 허균, 《숨어 사는 즐거움》 중에서

나는 날마다 그런 생각을 한다. 참을성 있는 초록 얼굴을 가진 거북을 만날 때마다. 매가 날아가며 내는 금속성 울음소리를 들을 때마다. 연못에서 노는 수달들을 지켜볼 때마다. 나는 피와 뼈로 이루어진 존재지만 특별한 체험과 생각에 의한 신념들의 집합체이기도 하다. 그리고 그 신념들을 빚어내는 건 세상에서의 시간(거칠든 온화하든 충분히 친밀하고, 시적이고, 꿈같고, 단호하고, 사납고, 애정 깊고, 삶을 빚어내는)이다.

― 메리 올리버, 《완벽한 날들》 중에서

완벽한 날들
메리 올리버 | 마음산책

시인 메리 올리버가 세상에 바치는 찬사를 담았다. 한없이 아름답고 찬란한 아름다움을 말하면서, 세상이 사람들에게 던지는 질문을 돌아본다. 아주 평범하지만 사랑스러운 순간을 마주한다.

숨어사는 즐거움
허균 | 솔

《홍길동전》의 저자인 허균이 손수 가려 편집한 독서 노트로, 자연과 함께 여유롭고 느긋한 삶을 사는 지혜를 엿볼 수 있다. 크고 작은 소동, 재미있는 일화와 깊은 성찰이 담겨 있어 삶의 균형을 찾게 된다.

USVA Linen Blanket

USVA 린넨 블랭킷

우리는 익숙한 물건을 챙겨 낯선 곳으로 떠난다. 여행의 기억을
담은 새 물건 서너 개와 함께 집으로 돌아온다. 내부와 외부, 익
숙함과 새로움, 아는 것과 미지의 것. 그 경계를 부드럽게 감싸
는 도구로 나의 린넨 블랭킷을 이곳저곳에 데리고 다녀보았다.

글·사진 김희선

여행과
일상을 잇는

많은 경우 일상에서 벗어나는 것은 그 자체로 여행의 목표이자 묘미다. 한편으론 멀고 낯선 타지에서도 생활의 능숙한 호흡을 이어가고자 하는 것이 사람의 마음. 짐가방 속에 챙겨 넣는 이런저런 물건들과 사전 조사의 노력들은 우리를 새로운 환경에 당황한 관광객이 아니라, 생활의 무대를 잠시 옮긴, 여전한 나 자신이게 해준다. 가방 하나에 일상 전체를 담아 갈 순 없으니 짐 싸기의 현장은 늘 경쟁이 치열한데, '온몸을 넉넉히 두르고도 남을 만큼 큼직한 린넨 블랭킷'은 넣을 것인가 말 것인가를 더 이상 고민하지 않는 품목 중 하나가 되었다. 홑겹 원단이라 단정히 접으면 부피는 얼마 되지 않지만 린넨 특유의 밀도 덕에 은근한 묵직하고, 그 무게가 억울하지 않을 만큼 다양한 역할을 한다. 우선 익숙지 않거나 미심쩍은 침구를 대신해 쾌적한 숙면을 보장하는 이불이 된다. 호주 레이디엘리엇 섬의 코티지나 오키나와 동쪽 해변의 서퍼 하우스처럼 소박하기 그지없는 숙소에서는 믿고 몸을 맡길 린넨 침구가 있다는 것이 엄청난 안도감을 주었다. 강릉의 바닷가를 포함해 여러 해변에서는 모래 위에 펼쳐 몸을 눕혔다가 이내 탁탁 털어 몸을 말리는 비치 타월로 쓴다. 모래가 들러붙지 않고 건조가 빠른 재질의 특성이 빛을 발하는 순간이다. 공원의 테이블 위에 덮으면 슈퍼에서 산 병 음료와 샌드위치만으로도 피크닉 분위기를 제대로 낼 수 있다. 부엌이 딸린 숙소에서 직접 장을 보고 식사를 차릴 때도 마찬가지. 식기나 요리 도구가 제한적이어도 충분히 공들인 식탁이 되게 해준다. 때로는 차양으로 사용하기도 하고 집에 두고 온 샤워 가운을 대신하기도 한다. 집에 돌아온 후에는 세탁하여 바싹하게 말린 뒤 착착 접으며 여행을 마무리한다. 혹은 접을 새도 없이 집안의 침대나 식탁 위로 직행, 함께 하는 일상을 이어간다. 이국의 바다 내음과 들풀의 얼룩, 낯선 식재료의 흔적 위에 담담한 오늘을 차곡차곡 겹쳐간다. 우리가 다시 함께 여행에 나설 때까지.

린넨의
미덕

USVA 린넨 블랭킷은 내가 라이너스의 담요 격으로 아끼는 일용품이다. 이 애착 관계엔 2014년 우울한 여름이 결정적인 역할을 했다. 초여름부터 팔에 생기기 시작한 발진이 온몸으로 번져나가더니 이내 외출이 불가능할 지경이 되었고 간지럽고 따가워 견딜 수 없는 날들이 이어졌다. 나에게도 다시 짧은 옷을 입는 날이 올까… 하는 절망적이고 의기소침한 마음이 들 만큼 심해진 와중에도 그나마 다행히 찬물로 샤워를 하고 온몸을 린넨 담요로 똘똘 말면 조금 편안해졌고 잠도 잘 수 있었다. 고대 미라가 된 기분으로 힘겹게 보낸 여름이 가고, 가을 무렵 제대로 된 진단과 처방 이후 병세는 빠르게 호전되었다. 이 일을 계기로 정신이 육체를 지배하는 게 아니라 육체가 정신을 지배한다는 말의 의미를 뼈저리게 깨달았다. 그리고 린넨 특유의 시원하고 바삭한 촉감을 몹시 신뢰하고 사랑하게 되었다. 어디든 함께 가고 싶을 만큼! 나중에야 알게 된 것이지만 실제로 이집트에서 발굴된 파라오의 미라는 린넨으로 감싸져 있었으며 발견 당시 다른 섬유가 삭아서 먼지가 된 상황에서도 놀랄 만큼 보존 상태가 좋았다고 한다. 통기성과 흡습성, 속건성이 좋고, 마모에 대한 내구성이 높으며, 박테리아나 세균에 대한 저항이 높은 린넨의 여러 장점이 미라에게도 나에게도 효과를 발휘한 것이리라. 린넨은 고대 이집트에서 화폐로 거래되고 "짜여진 달빛Woven Moonlight"이란 시적 표현으로 칭송받았으며 성소의 휘장이나 제사장의 옷감으로 사용되는 귀한 소재였다. 영어권에선 침구를 베드 린넨Bed Linen으로 통칭할 만큼 침구로 사용하기에 최적이고 잘 관리하면 점점 좋아져 다음 세대에게 물려줄 수 있다. 린넨의 원재료인 아마는 척박한 땅에서도 잘 자라 비료로 토양을 훼손하지 않으며 목화에 비해 원재료의 많은 부위를 사용할 수 있어 친환경적인 소재로도 인정받고 있다.

라푸안 칸쿠리트 Lapuan Kankurit

1917년 시작된 핀란드 브랜드. 헬싱키에서 기차로 4시간 거리의 라푸아Lapua는 끝없는 자작나무 숲과 호수가 펼쳐진 조용하고 아름다운 곳이다. '라푸안 칸쿠리트'는 이 지역에 뿌리를 두고, 가족의 삶을 성장의 축으로 삼아 4대째 가업을 잇고 있다. 최신 직조 기술을 적극 도입하고, 유럽과 아시아의 디자이너들과 협업하여 만드는 우수한 제품들은 주방, 테이블, 목욕, 사우나, 인테리어 등 생활 전반에 걸쳐 있다. 라푸안 칸쿠리트 제품의 가장 큰 특징은 USVA 린넨 블랭킷이 그러하듯 다양한 용도로 사용할 수 있다는 점. 좋은 소재를 완벽한 방직 기술로 가공하되 여러 가지 사용 방법의 가능성을 열어 놓은 디자인으로 합리적이면서 지속 가능한 생활을 추구한다. 핀란드 회사로는 유일하게 마스터 오브 린넨Master of Linen 인증을 받았다.

USVA Linen Blanket | 18만 9천원, TWL

춤추는 법을 모르는 사람처럼

쉬는 법을 몰랐다

어느 날 '훌쩍' 여행을 떠났다. 나는 일에 찌든 도시인이라서, 도시인이라
면 마땅히 그래야만 하는 것처럼, 모든 것을 내버려두고 훌쩍 떠나버렸다.

글·그림 한승재

촌스럽지만, 내가 생각하는 '훌쩍 떠난다'는 건 델마와 루이스 같은 일이었다. 조금 자세히 말하자면 아무 거리낌 없이 하고 싶은 대로 하고, 늘어질 대로 늘어져 있기도 하고, 어쩔 땐 창밖으로 고개를 내밀고 "와아~!" 소리를 지르는, 그런 일이었다. 델마와 루이스 정도는 아니지만 나도 그런대로 괜찮은 여행을 했다. 시끌벅적한 관광지는 피해 다니고 자신만의 시간을 가지려고 노력했다. 놀라운 순간엔 "와 씨…." 하고 소심하게 소리를 내보기도 했다. 그런데도 피곤은 사라지지 않았다.

나는 여행에 대해선 한 번도 나 자신에게 솔직해져 본 적이 없었다. 나는 정말 휴식을 가져본 적이 있었을까? 모든 걸 내려놓고 정처 없이 어디론가 떠나는 게, 정말 휴식일까? 아니면 새로운 시작일까? 난 여행을 떠날 때마다 여행을 가기 싫은 또 다른 마음을 대면한다. 도착해서는 애써 자연스러운 척, 원래 익숙한 사람인 척 용을 써보기도 한다. 하지만 새로운 숙소의 천장 패턴과 창문으로 들어오는 달빛이 아주 오래도록 첫날밤의 기억으로 남는 것을 보면, 첫날밤 잠들지 못해 뻐끔거린 시간이 얼마나 길었는지를 알 수 있다. 낮이 되면 관광객이 되지 않도록 다짐한다. 너무 많은 곳을 보려 하지 않고, 한곳에서 오랜 시간을 보내기로 한다. 그래서 카페나 호텔 로비 어디든 앉아 되도록 많은 시간을 보내본다. 하지만 그것이 지루함인지 휴식인지는 나 자신에게도 고백하지 못할 여행의 후기다.

어느 날 가족 여행에서 나와 같은 여행을 즐기는 친구를 본 적이 있었다. 아버지는 운전을 하시고, 어머니는 앞 좌석에 앉아 계셨다. 강아지는 목적지에 도착하기까지 길고 긴 시간 동안 어머니 무릎에 앉아 있었다. 다른 강아지들처럼 창밖으로 얼굴을 내밀고 헥헥거리며 경치를 좀 즐겼으면 좋겠는데, 서울에서 출발해 여수에 도착할 때까지 강아지는 고개를 돌려 뒤에 앉은 나만 쳐다보고 있었다. 심히 부담스러운 경험이었다. 한편으로는 안타까운 마음도 들었다.

세상에 내 방을 제외하고 내게 편안한 곳이 있을까? 여행지 숙소 어귀 어느 귀여운 카페에 앉아 가벼운 책을 읽다 말고 생각했다. 이런 내 모습을 보며 강아지 기분을 알 것 같았다. 확신컨대, 친구는 앞에 앉고 싶기도 하고, 뒤에 앉고 싶기도 했을 것이다.

떠난다는 건 어쨌든 결국은 성공한다. 하지만 그것이 휴식인지는 생각해봐야 할 문제다. 또 다른 게임을 즐기는 것과 마찬가지다. 긴장되기도 하고 부자연스럽기도 한 어쨌든 일상적이지 않은 일이다. 휴식을 위해 새로운 곳으로 떠나는 것이 과연 가능한 이야기일까? 쉬고 싶을 때 수학 문제를 푼다는 어떤 가정주부의 라디오 사연처럼 내겐 조금 말이 안 되는 이야기처럼 여겨진다.

춤추는 법을 모르는 사람처럼, 나는 쉬는 법을 모르는 것 같다. 쉴 곳을 찾아 어딘가로 떠나는 나와 그걸 지켜보는 강아지. 우린 아마도 비슷한 수준의 몸치들이다. 하지만 누구나 자신만의 춤이 있다고 난 굳게 믿는다. 아직 발견되지 않았을 뿐.

어느 날 뜻하지 않은 계기로 나만의 휴식을 발견하게 되었다. 포도 수확이 한창인 어느 가을날이었다. 나는 세상에서 가장 한가할 것 같은 농가 주택에 머물며 쏟아지는 여유를 만끽할 예정이었다. 그것은 또 한 번 나만의 휴식을 찾아보려는 시도이기도 했다. 그곳엔 위로 곧게 자란 나무와 새하얗게 빛나는 멋진 들판, 그리고 쏟아지는 별들이 있었다. 하지만 가장 깊게 각인된 풍경은 들판 여기저기에 널린 여러 종류의 의자였다. 유명 관광지를 피해 간 곳이지만, 그곳은 사실 미국 노인들에게 유명한 휴양지였던 모양이다. 노인들은 매일 밖에 나와 따뜻한 햇볕을 쬐며 이쪽저쪽으로 몸을 돌려 누웠다. 이 의자는 모두 노인들의 놀이기구인 셈이었다. 무질서하게 놓인 다양한 의자들은 이렇게도 저렇게도 앉아봤을 수많은 사람들의 지루한 시간을 보여주고 있었다. 아름다운 풍경은 여전히 아름다웠지만 젊은 사람이 감당하기엔 시간이 너무나 느리게 흘러가고 있었다. 하루에 하는 일이 아침 먹기, 점심 먹기, 저녁 먹기, 세 가지뿐이었다. 나는 마치 사우나에 들락날락하는 어린아이처럼 이 의자 저 의자 돌아가면서 눕기도 하고 앉기도 하고 잠이 들기도 했다. 책을 읽어볼까 하다가 잠이 들고, 그림을 그려볼까 하다가 금세 내려놓았다. 하지만 지루하다는 생각은 애써 하지 않으려 했다.

그렇게 며칠이 지났을 무렵, 내가 누워본 약 스물두 번째 쯤 되는 어느 허름한 의자에서 말로 형언할 수 없는 완벽한 평온함을 경험하게 되었다. 그곳에 누우면 보이는 하늘과 들판의 비율이 아주 마음에 들었다. 몸은 나른한데 잠은 오지 않았다. 책을 읽어도 고개가 아프지 않았다. 중요한 것은 의자의 각도였다. 난 여행이 끝날 때까지 그 의자에 누워 책을 읽고 또 읽었다. 책을 읽으려고 누운 게 아니라 의자에 누우려고 책을 읽었다. 마찬가지로 의자에 눕기 위해 커피를 마시고, 와인을 마셨다. 낮에 눈이 부시면 선글라스를 쓰고, 날이 더우면 셔츠를 벗어버렸다. 나는 점점 풍경에 어울리는 사람이 되어가고 있었다. 어느 끈기 있는 미국 노인들도 의자에서 나보다 오래 버티진 못했다. 노인들이라고 지루함을 모르는 건 아니었다.

여태까지는 달력에 있는 빨간 글씨가 휴일인 줄로만 알고 지냈다. 빨간 날엔 반드시 떠나거나, 아니면 늦잠이라도 자야 한다고 생각했었다. 그런데 어떻게 해도 쉬는 것 같지 않더라니… 나의 휴일은 달력 안에서 찾을 수 없다는 사실을 이제야 깨닫게 되었다.

자신만의 휴일을 갖는다는 건, 마치 자신만의 댄스를 가지게 되는 것처럼 든든한 일이다. 아직 발견되지 않은 누군가의 휴일은 음표로 떠다니고 있고, 누군가의 휴일은 침 속에 단맛으로 숨어있다고 한다. 나의 휴일은 15도 각도로 기울어져 쉬고 있는 중이다.

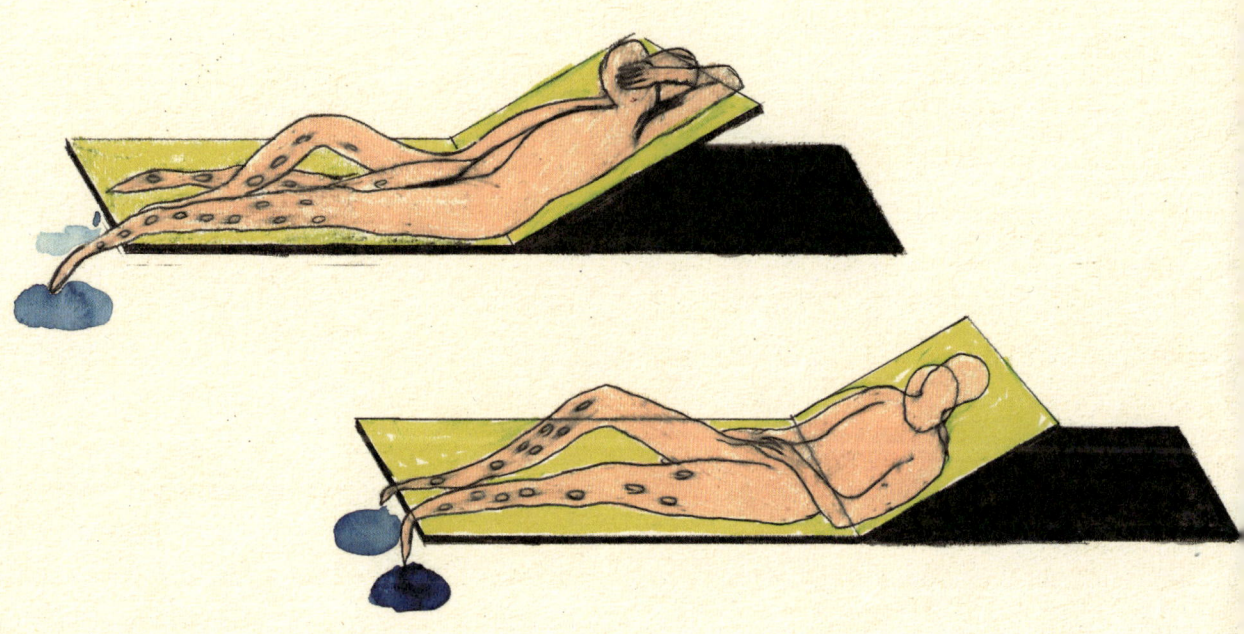

홀리데이, 오 홀리데이

평론가 부부의 책갈피

휴일은 때때로 붉은 피를 흘리며 찾아와, 누군가의 삶이 전
쟁이었다는 것을 증명한다. 하지만 내가 증명하고 싶은 것
은 붉은 피를 흘리는 삶이 분명 내 삶의 일부라는 사실이다.

글 김나영, 송종원 사진 이자연

휴, 일들

일상적인 일들을 잠시 중단해도 되는 날. 지금까지 내게 휴일은 그런 날로 여겨졌다. '잠시 중단해도 되는'이라는 수식은 애써 생각해내지 않아도 자연스럽게 머릿속에 떠오른다. 그러니까 내게 휴일은 나 아닌 다른 누군가가 나에게 '잠시 쉬어도 돼.'라고 허락해주는 날인 셈이다. 쉼에도 허락이 필요하다니. 허락을 받아야만 비로소 쉴 수 있다니. 어릴 때부터 어른들의 말에는 무조건 고분고분하던 나였지만, 어른이 되어서도 늘 어떤 종류의 허락과 승인에 나의 자유를 자발적으로 내맡기며 살아왔다는 것은 평소에 해보지 못한 생각이다.

하지만 시간강사인데다 청탁을 받고 원고를 쓰는 일종의 프리랜서로 살아온 지난 십여 년간의 내 삶을 반추해보면, 자유라는 권리를 완전히 망각한 채로 지낸 건 또 아니다. 시간표대로 움직여야 하는 학생 신분을 벗어나 새로운 직업을 갖게 된 이후로 나는 오히려 내 자유를 탐진하는 데 골몰해왔다. 애초에 계획적인 인간이 아니어서 웬만한 작업은 한꺼번에 몰아서 하느라 며칠 밤을 연달아 새기 일쑤였고, 그렇게 일을 마치고 나면 연이어 며칠은 딱히 하는 일도 없이 보냈다. 사람을 만나지도 않고, 책을 읽지도 않고, 끼니도 제때 챙기지 않았다. 마감 기간에는 그렇게 재밌던 드라마도 시큰둥하게 여겨졌다. 그때는 자유와 평화가 넘쳐서 탈일 지경이다.

나와 같은 직업을 가진 친구들이 모이면 종종 하는 이야기가 있다. '주말이 있는 삶을 갖고 싶다.' 마감일이 있을 뿐 그 일을 매일 얼마큼씩 해내야 하는지는 스스로 정하고 지켜야 하는 프리랜서에게 직장인처럼 정시에 출퇴근하고(물론 칼퇴는 모든 직장인의 꿈이라지만) 빨간 날 만큼은 일 생각하지 않고 지낼 수 있는 삶은 꿈이다. 말 그대로 바람인 동시에 허상인 것이다. 다이어리의 모든 칸을 빼곡하게 메운 일거리를 자세히 뜯어보면 몇 개의 마감을 미루느라 수정된 일정이 차고 넘칠 뿐이고, 그러다 보면 달력의 요일 표시는 무색하게 여겨진다. 휴일이 넘쳐나지만 정작 마음 편히 쉴 수 있는 날이 없다고 느끼는 삶. 어쩌면 모두에게 공평한 휴일이라는 개념은 없을지도 모른다. 각자가 일구어 나가는 삶의 형태와 일상의 세부에 따라서 쉼의 형태와 내용도 다를 것이기 때문이다.

상한 일상이 뱉어 놓은
휴일의 표정

여기, 또 다른 형태의 휴일이 있다. 십사 년 전에 가족 소풍을 갔다가 사고로 여덟 살짜리 딸아이를 잃어버린 부부는 오랜만에 먼 곳으로 여행을 떠난다. 이 여행은 다소 즉흥적으로(함께 귀가하던 길에 남편에게 말도 없이 불쑥 여행사로 들어가 상담을 받은 아내의 돌발 행동이 여행을 계획하게 했을 것이므로) 시작되었으나, 한편으로는 오래전부터 계획된(아이의 죽음 이후 부부는 상실감과 죄책감으로 가득한 일상적 세계에서 내내 벗어나고 싶었을 것이므로) 일정이었을지도 모른다.

하지만 부부는 일상을 벗어나서야 비로소 일상을 벗어나지 못한다는 것을 깨닫는 듯하다. 떠나오기 전 일상적인 퇴근길에서도 그랬고, 여행지의 낯선 거리에서도 부부는 자주 서로를 놓치고 더듬거리며 상대를 찾는 일을 반복한다. 깊은 산속 계곡에 여전히 수습되지 않은 채로 떠돌고 있을 가족의 소품 역시 부부가 여전히 그날 그 자리에 얽매여 있다는 것을 짐작하게 한다. 이쯤이면 소설의 독자는 그들이 애써 손을 잡고 길을 가고 있다는 것, 맞잡은 손과 손 사이에 까마득한 거리가 있다는 것을 눈치 채게 된다. 그들 사이에 해소되지 못할 무언가가 가로놓여 있고, 그런 이유로 그들은 십사 년째 부부라는 이름의 일상적 관계를 회복하지 못한 채 서로 다른 꿈을 꾸며 낯선 거리를 헤매고 있다는 것도.

일상으로 돌아온 적 없기에 이 부부의 소풍은 끝나지 않는다. 이 비일상적인 일상의 지속은 오랜만의 여행도 휴일의 여유와 안식과 즐거움과 게으름으로 채우지 못하게 한다. 그들은 이미 항상 일상 바깥에 내던져진 사람들이므로, 일상을 떠날 수도 돌아올 수도 없이, 다만 끝내고 싶은 휴일의 미로 안에서 길을 잃은 채로 있다.

내가 그걸 챙기라고 하지 않았어?
그는 말했다

그 밖에 내가 뭘 더 부탁한 게 있어? 그거 챙기라고…… 가방에 넣으라고 말하지 않았나? 그거 잊지 말라고…… 그냥 그거 하나…… 가방에 다 있잖아. 당신 칫솔, 화장품, 사탕…… 다 있는데 왜 그건 없냐…… 우리 내일 비행기 타야 돼…… 그런데 여권도 영수증도 없어…… 내가 이걸 다 설명해야 해 사람들한테…… 그런데 괜찮을 거라니…… 당신은 괜찮을지 걱정이 없이 내가 다 하니까…… 당신은 잘 먹고 잘 자고…… 어디서든…… 호텔에서든 비행기에서든…… 어떻게 그럴 수가 있지? 어떻게 그렇게 비위가 좋냐 그렇게 멀쩡하게…… 괜찮을 거라고? 당신은 어떻게 그렇게 쉬워 모든 게……

그는 문득 입을 다물고 고개를 돌려 그녀를 바라보았다. 그녀가 서글픈 얼굴로 그를 보고 있었다. 그는 다시 울화가 치밀어 고개를 저었다. 그 얼굴. 지긋지긋하다고 말하는 대신, 그렇게 보지 말라고 그는 말했다. 그런 식으로 보지 마. 사람 빤히 관찰하지 마. 너는 아무 잘못 없는데 내가 때리기라도 한 것처럼 그렇게.

– 황정은, 《누구도 가본 적 없는》 중에서

부부의 여정은 곧 집으로 돌아오기 위한 길이다. 마치 바퀴가 고장 난 여행 가방을 잘 수습해서 집으로 돌아오면 길고 고단했던 그들의 휴일도 잘 마무리될 것이라 기대하는 것처럼 말이다. 유럽에서 탄 마지막 열차에서 그들은 여권과 항공 예약권과 현금 등이 든 작은 가방을 잃어버렸다는 황망한 사실을 알아차린다. 그들 사이에서 지워진 작은 가방 하나 때문에 어쩌면 14년을 묵힌 원망과 질책, 또한 이루 말할 수 없는 자괴감과 자기 학대를 말과 침묵과 표정으로 서로를 향해 쏟아낸다. 기차는 계속 낯선 풍경 속을 달린다. 알 수 없는 시간이 흐르고 그들이 내려야 하는 역에 당도했을 때 그는 짐을 챙겨 앞서 내리지만, 그녀는 뒤따라 내리지 않는다. 열차 계단 가운데에 가만히 서서 다만 그를 바라보던 그녀의 모습 위로 열차의 둔중한 문이 닫힌다.

그들이 잃어버린 것은 무엇일까. 이 소설을 읽고 '다른 종류의 휴일'을 떠올린 이유는 무엇보다도 이 물음이 이들의 일상과 여정 모두를 압도한다고 느꼈기 때문이다. 휴일은 무엇보다도 잃어버린 것을 되찾는 시간이어야 하지 않을까. 이 소설의 마지막에서, 아내를 싣고 떠난 기차를 따라 허둥지둥 뛰어가던 그는 역무원을 발견하곤 숨까지 헐떡이며 더듬더듬 '아내를 잃어버렸다.'고 애원하듯 말한다. 하지만 그들은 그저 "무심한 얼굴"로 그를 바라볼 뿐이고. 무엇을 찾으려 떠났는지도 모르게 모든 것을 잃어버리고 만 것만 같은 이 여정은 어쩌면 불온한 일상에서는 제대로 된 안식마저 불가능하다는 것을 보여주는 게 아닐까. 사람들은 자주 일상을 수습하기 위해 휴가를 떠난다. 하지만 휴일은 일상의 평안에서 찾아야 하는 것인지도 모르겠다.

어느 날 아침엔 음계가
약간 바뀌어 있다

아침에 일어났더니 등이 아팠다. 담이 든 것 같았다. 몸을 억지로 늘여도 보고 폼롤러에 등을 대고 굴려보기도 했다. 기다렸다는 듯이 몸이 신음 소리를 토해냈다. 내 몸에 누군가 다른 생명이 살고 있는 기분이 들었다. 침실에는 아내가 잠들어 있었다. 그녀는 어제도 늦게까지 원고를 쓰거나 책을 읽거나 인터넷으로 가고 싶은 여행지를 검색하다가 잠이 들었을 것이다. 아내에게 등을 조금 두드려 달라고 하면 좋겠지만 그녀의 깊은 잠을 깨울 수는 없었다. 대신에 언젠가 걷는 일이 몸의 근육 전체를 풀어주는 데 좋다는 말을 들은 기억이 나서 옷을 대충 챙겨 입고 밖으로 나갔다. 동네를 한 바퀴 돌아볼 마음이었다. 집을 나서는 나의 등 뒤에 누군가 올라탄 기분이었다.

비둘기 한 마리가 발가락 사이에 부리를 넣었다 뺐다 넣었다를 시계추같이 반복한다. 그의 발가락 옆에서 「무제 Ⅱ」라는 그의 이름을 보았다. 끄덕끄덕 시간이 흘러가고 있었다. // 잔디를 손바닥으로 쓸면서 한 여자가 그의 곁에 앉아 있었다. 그녀의 손바닥이 느리게 움직일 때마다 풀들은 순순히 몸의 방향을 바꿨다. 그녀가 하는 생각을 알 수 없었다.

– 김행숙, 〈조각공원〉 중에서

공원에는 비둘기 몇 마리가 누군가 버려두고 간 과자 봉지를 쪼아대고 있었다. 걷는 일을 잊은 채 벤치에 앉아 그 장면을 넋 놓고 바라보았다. 정말, 끄덕끄덕 시간이 흘러가고 있었다. 성치 않은 발을 가진 비둘기들이 많았다. 저마다 발에 상처를 지니고 있었다. 등이 아픈 비둘기도 있을까. 비둘기가 하는 생각을 알 수는 없었다. 대신 비둘기처럼 고개를 끄덕거렸더니 햇살이 등을 토닥거리는 기분이 들었다. 문득, 거대한 무언가가 나를 이끌어 내 삶의 방향을 만들고 있는 것은 아닐까, 하는 생각이 들었다. 그러자 그 방향이 정말 내가 원하는 삶의 방향과 얼마나 일치하고 있는 것일까 하는 의문도 함께 찾아왔다.

어느 날 아침엔 / 음계가 약간 바뀌어 있다. // 하나씩 풀었다 하나씩 당긴다. / 비뚤어진 것은 줄 하나였을 뿐인데, / 다 잘못되었다는 듯이.

– 하재연, 〈놀이동산〉 중에서

하나의 생각을 깊이 하게 될 때가 한 번 호흡하는 순간이라고 생각한다. 숨을 크게 들이마시고 천천히 내뱉어보았다. 생각 한 번, 호흡 한 번. 나는 비로소 숨을 쉬고 있는 것일까. 생각의 세포와 몸의 세포가 재배열을 이루고, 생각의 계단을 천천히 오르다 보면 계단이 끊어지는 순간을 맞는다. 마음이 점점 비뚤어진다. 이게 아닌데, 이것이 아니었는데, 하며 부정하고 또 부정하는 시간이, 이를 외면하며 내 삶이 더 가짜가 될 것만 같은 힘겨운 시간이 슬며시 고개를 들기도 한다.

삶을 다시 생각하기 위해서는
삶에 대해 생각하지 않으면 된다

지난겨울에 십 년 넘게 다니던 회사를 그만둔 친구는 술잔을 앞에 두고 자신의 속내를 슬며시 털어놓았다. '당분간 소망은 하나뿐이야. 쉬지 않고 쉬는 것.' 친구와 헤어진 후 한동안 귓가에 그 말이 계속 맴돌았다. 쉬지 않고 쉬는 것! 나에게 그 말을 건네준 친구는 돌아오는 비행기편을 정하지 않은 채 먼 곳으로 여행을 떠났다. 나는 그 친구가 조금은 무모하다고 생각했는데, 친구의 사정을 나에게 전해들은 아내는 그 친구가 얼마나 괴로웠을지를 이야기했다. 나는 종종 아내의 말을 통해 나의 공감 능력을 반성하게 되곤 한다. 그런데 아내는 지난밤에 어떤 여행지를 검색했을까. 부부동반으로 모이는 자리에서 누군가 여행에 관한 이야기를 시작했을 때 맞장구를 치며 이런저런 이야기를 늘어놓는 아내를 보며 깜짝 놀란 기억이 있다. 아내는 언제 저렇게 풍성한 여행 정보를 수집한 걸까. 그녀와 나는 아직 한 번도 해외로 나가는 비행기에 함께 오른 적이 없다.

휴일이 오면 가자고 했다. // 휴일은 오고 있었다. 휴일이 오는 동안 너는 오고 있지 않았다. 네가 오고 있지 않다는 것을 어떻게 아는지 모르는 채로 오고 있는 휴일과 오고 있지 않는 너 사이로 // 풀이 자랐다. 풀이 자라는 걸 알려면 풀을 안 보면 된다. 다음 날엔 바람이 불었다. 풀을 보고 있으면 저절로 알게 된다. 내가 알게 된 것을 // 모르지 않는 네가 // 왔다가 갔다는 걸 이해하기 위해 태양은 구름 사이로 숨지 않았고 더운 날이 계속되었다. 휴일이 오는 동안

– 임승유, 〈휴일〉 중에서

고개를 들어 허공에 시선을 두자 등이 다시 아팠다. 아무도 없는 허공이 이 공원의 주인인 듯, 서서히 아래로 내려오고 있었다. 나는 지금껏 무엇을 기다렸고 무엇을 소망하는 날들을 보냈나, 다시 한번 숨을 깊게 들이마셨다. 기다리는 것들이 오지 않았다. 기다리는 것들이 무엇인지도 모른 채로 기다리는 날들이 지나갔다. 그러는 사이 누군가에게 털어놓기 부끄러운 속된 근심만 자라고, 그러면서 등이 조금씩 무거워진 것은 아닐까. 내 등이 내 삶의 얼굴 같다는 생각이 들자 얼굴이 화끈거리는 것을 넘어 얼굴이 점점 아파오는 느낌이 들기도 했다.

삶을 다시 생각하기 위해서는 삶에 대해 생각하시 않으면 된다. 무김했던 일상은 어느 날 구멍 난 하루를 만들기 마련이다. 그날 우리는 어쩔 수 없이 삶을 다시 생각하게 된다. 담이 든 등 때문일 수도 있고, 비둘기 발의 상처 때문일 수도 있고, 잘못 조율된 악기 소리 때문일 수도 있다. 휴일은 그렇게 작은 시그널을 통해 막무가내로 찾아와 우리의 삶을 중단시킨다. 그러고는 내 삶이 그것이 지나온 이전의 모습과 동일하지 않기를 강요한다. 그래서 나에게 휴일은 달력에 표시된 붉은 색의 날이 아니다. 그보다는 내 삶이 붉은 피를 흘리며 상처를 드러낸 어느 날이다.

치과에서 맛본 의료용 솜뭉치 냄새

일요일 밤 10시 45분에 작성한 글입니다

휴일은 끝이 있기에 비극이다.
– 재미슨 포크스(1888~1946)

글 이지원   일러스트 송은혜

12:00 어제 늦게까지 이어진 온라인 게임의 치열했던 승부를 복기하며 모닝커피를 내릴 때만 해도 오늘 하루 예감이 나쁘지 않았다. 일요일 특유의 하얀 빛 입자가 섞인 공기에는 기분 좋은 날카로움이 살아있었고, 하루해는 넉넉해 보였다. 지난주까지만 해도 주말이 웬 말이냐 싶게 일에 시달렸지만, 오늘은 모처럼 한가하다. 그래서 방심했던 걸까. 노트북을 켜는 실수를 저지르며 하루를 시작하는 두 번째 단추를 잘못 끼우고 말았다. 이는 내 의지를 벗어난 무의식의 행동 영역이다. 달리 말해, 내가 컴퓨터를 작동시켰다는 상황은 인과관계에 따른 추측에 불과하다. 노트북 뚜껑을 열고 화면에 얼굴을 쑤셔 박고, 마우스를 움직여 구글 크롬을 클릭하고, 어떤 웹사이트 주소를 입력했을 일련의 사건이 머릿속에서 통째로 사라졌다. 예컨대, 누군가 '당신의 컴퓨터는 스스로 켜지고 알아서 작동했습니다.'라고 우긴다 한들, 그 무엇도 기억하지 못하는 나로서는 뭐라 반박할 근거가 없다.

처음에는 다섯 개의 이메일 계정을 확인했을 터다. 그리고 네이버웹툰, 다음웹툰, 다음뉴스, 페이스북 순서로 훑어내리며 두서없이 나뒹구는 수만 개의 활자와 jpg 이미지를 뒤적였을 것이다. 지독히 뻔해서 기억해낼 필요조차 없는 패턴이다. 살면서 수천 번 반복한 행동이 아니던가. 이 정도만으로 얼음처럼 차가운 오전 시간이 가뿐히 녹아내렸다. 따끈한 커피를 담은 머그잔을 쥐고 있던 시점부터 필름이 끊겼다. 다음으로 기억나는 장면은 페이스북 게시물을 전투적으로 읽는 내 모습이다. 그곳에서 본 온갖 문장과 사진 중에 온전히 떠오르는 내용이 없다. 어느 부분에서 고개를 끄덕이며 공감했는데……. 애써 더듬어보지만 '공감', '트렌드', '통찰' 같은 몇몇 뭉툭한 개념이 어렴풋이 떠오를 뿐이다. 온갖 통속적 교훈 쪼가리들이 오뚜기 양송이 스프처럼 걸쭉하게 뒤섞인 나머지, 인제 와서는 뭐가 유용한 정보였는지 분간할 수 없게 되었다. 문득 노트북 화면 밖으로 눈을 돌렸다. 어느 수학 학원 광고 문구가 새겨진 싸구려 머그잔이 눈에 들어온다. 커피는 차갑게 식었다. 버리기 아까우니 원샷. 향기는 사라졌어도 카페인은 남았겠지.

13:00 정신 차리라고 자신을 독려했던 것 같다. 여전히 휴일은 반나절 넘게 남았어. 그러니 이제부터라도 뭔가 즐겁고 생산적인 행동으로 시간을 활용하자고 결심했던 것 같다. 물론, 뭐가 생산적인지는 알 수 없다. 내가 하는 일이 원체 '생산적'인 성격과 거리가 멀다. 만약 비누를 만드는 일이 직업이라면 내가 하는 일이 생산적이라고 자부할 수 있을 것 같다. 누가 뭐래도 '비누'라는 구체적인 실체를 '생산'하니까. 하지만 직업으로서 디자인은 모든 게 '이랬으면 좋겠다.', '저런 식으로 해볼까?' 하는 궁리투성이라서, 도무지 뭔가 만들어낸다는 충실함을 느낄 수 없다. 내가 관여한 디자인의 결과로 어떤 실물이 탄생하지만, 디자인을 실물로 제작하는 사람들은 따로 있다. 나는 기껏해야 계획을 의논하고, 그 계획이 잘 실행되도록 관리할 뿐이다. 비물질적인 체계를 관리, 감독한다는 면에서 디자이너가 하는 일은 세무사의 그것과 비슷하다.

14:00 이따위 쓰잘머리 없는 생각에 짓눌려 정작 생산적인 일 따위는 안드로메다 저편으로 자취를 감췄다. 오후 한 시에서 두 시 사이 어딘가 도달했을 무렵, 문득 허기를 느껴 부랴부랴 라면 같은 것을 사다가 끓여 먹었다. 굳이 '라면 같은 것'이라고 표현한 이유는, 그것이 '안성탕면'이나 '신라면' 같은 진짜 라면이 아니었던 탓이다. 라면을 획득하고자 맨발에 운동화를 장착하고 위험한 바깥 세계에 진출했다. 자다 일어난 헤어스타일, 입고 있는 트레이닝복 차림 그대로다. 고작 편의점 가자고 샤워할 수는 없거든! (생뚱맞은 포인트에서 발끈.) 어머, 이게 뭐람. 와사비와 마요네즈를 접목한 신박한 제품이잖아. 이걸 만든 사람은 천재라고 생각했다. 그런데 아뿔싸. 맛이 없다. 이전에 경험하지 못한 낯선 방식으로 입맛을 버렸다. 와사비, 마요네즈, 즉석 라면 모두 좋아하는데, 셋을 합쳐 뜨끈한 국물에 말아놓으니 재앙이 따로 없다. 뒤늦게 용기 옆면에 적힌 조리법을 발견했다. 이런, 젠장. 면이 익은 다음에 물을 따라 버려야 했구나. 어쩐지 구정물 냄새가 나더라니. 버릴 수는 없으니 원샷. 배는 채울 수 있겠지.

조리법 착오로 실패한 식사 잔해를 재활용 통에 내던지며, 아내의 바람대로 제대로 된 식사를 해야겠다는 모범적인 결심의 파도가 밀려왔다. 장한 다짐에 힘입어 모바일 LTE 네트워크 테크놀로지를 활용해 식생활을 중심으로 한 성인병 정보를 검색했다. 인터넷 카페와 블로그 여기저기에 올라온 건강 기사를 탐독한 끝에 깨달은 점은, 내가 향후 수년 내에 성인병으로 사망하리라는 사실이다. 도무지 먹고 숨 쉬는 모든 것이 다 글러 먹었다. 곧 죽지 않으려면 24시간 방독면을 착용하고, 삼시 세끼 브로콜리, 부추, 마그네슘 같은 것만 골라 먹어야 할 판이다. 내 몸 어딘가에 암세포가 발생하는 건 시간 문제고, 피는 엿기름처럼 끈적해서 언제 혈관이 폭발해도 이상하지 않다. 엠알아이 촬영 같은 걸 해봐야 할까. 이런 걱정과 함께 정보 검색 양상은 최대 관심사인 탈모의 원인과 해결책 영역으로 넘어갔다. 여러 솔깃한 치료법과 성공사례를 읽으며 잠시 희망 비슷한 감정에 빠져들었다. 그러다가 갑자기 우리 매형이 떠올랐다. 매형은 베를린에서 의대 교수로 재직 중인 인체의 신비 권위자인데도, 급격히 진행 중인 자신의 탈모에 관해서 그 어떤 자구책도 마련하지 못했다. 생명과학 분야에서 태양계 대표 선수 중 한 명인 누나는 나의 탈모 진행에 관한 자신의 과학적 견해를 두 단어로 압축해서 표현했다. "안 좋은 유전자."

15:00 LTE 모바일 검색에 몰입한 동안 어느새 식곤증 호르몬이 뇌를 적셨다. 졸리다. 식곤증에는 예외가 없다고 하지만, 나는 특히 심각하다. 배가 부르면 정신을 잃는 수준으로 잠에 빠져든다. 멜라토닌이 분출되는 수도꼭지가 위장 근육에 맞닿아 있음이 분명하다. 아내에게 "30분만 잘게."라는 단발마의 외침을 전하고 쓰러진다. 그녀는 알고 있다. 내가 30분 만에 깨어나지 못하리란 사실을.

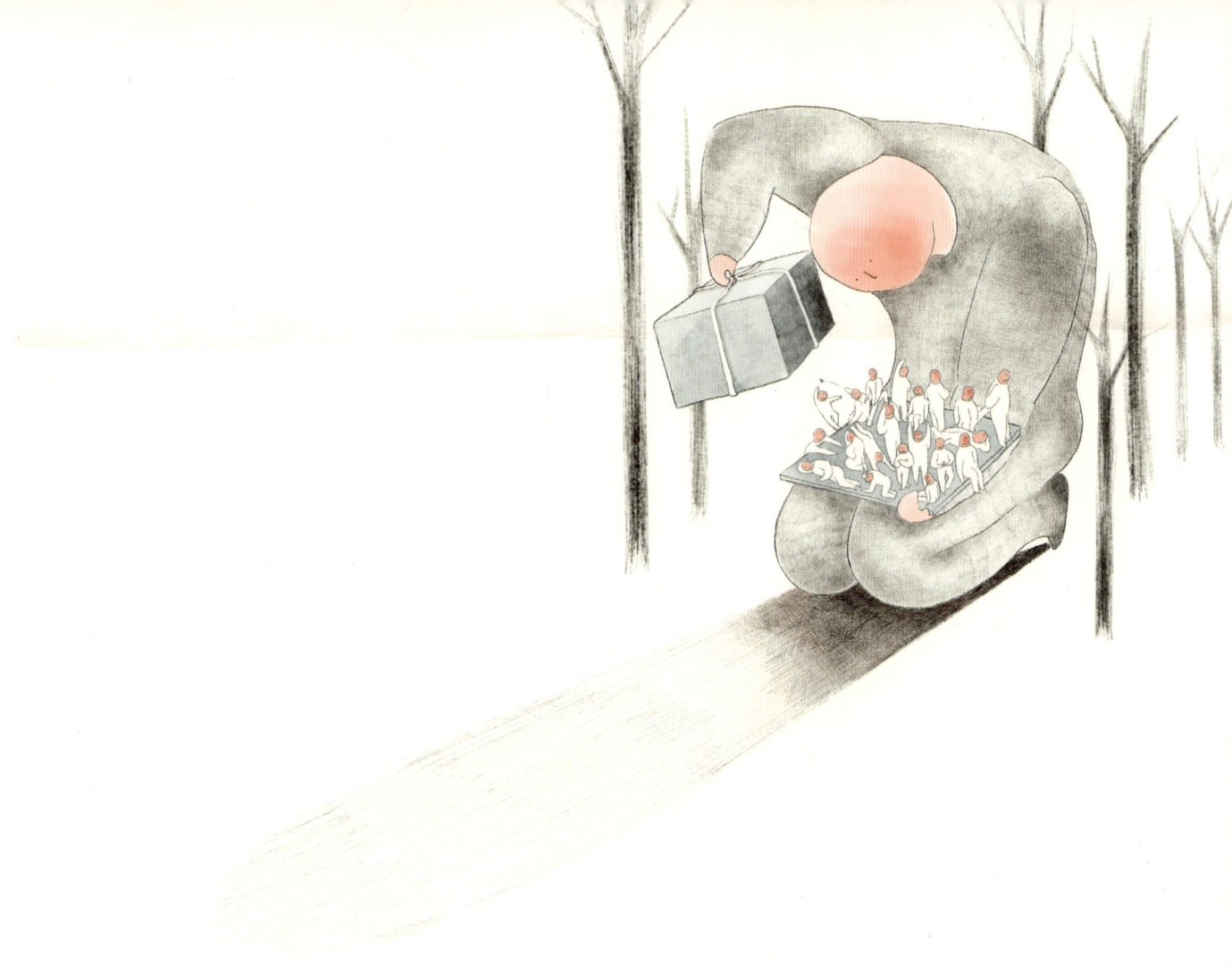

17:00 식은땀을 흘리며 어둑한 빈방에서 홀로 깨어났다. 두개골 안쪽에 들어찬 뇌수가 수은처럼 묵직하다. 이렇게 쓰레기처럼 누워있지 말자는 비장한 각오로 몸을 일으킨다. 몰아치는 심장 고동이 불쾌하다. 현기증과 뻐근함이 중추신경을 옥죈다. 불쾌한 갈증에 급히 물을 찾는다. 물에서는 떫은 밀가루 맛이 난다. 라면을 먹고 곧장 뻗어 잠든 멍청함에 대한 응징이다. 얕은 잠 언저리에서 수마에 시달린 것 같다. 반쯤 깨어있던 의식은 끊임없이 자신의 게으름을 힐난했다. 뇌가 편히 쉬었을 리 없다. 시커멓게 엉킨 감정의 뭉치에 근거 없는 자괴감과 과거의 회한이 달라붙어 앞으로 잘될 일은 하나도 없을 거라고 끈적하게 속삭인다. 얼굴에 물을 끼얹고 거울을 바라본다. 형편없는 얼굴을 하고 있다. 거친 수염과, 불안한 피부와, 그새 더 줄어든 머리카락. 다용도실 창문으로 흐린 하늘을 바라보고 있자니 언젠가 치과에서 맡본 의료용 솜뭉치 냄새가 스멀스멀 올라온다.

틀렸다. 아무것도 할 수 없다. 거실 바닥에 피폐한 몸과 마음을 뉜다. 잠시만 이러고 있자. 바닥에 널브러진 나의 영혼에 온갖 지저분한 상념이 날파리처럼 달라붙는다. 내가 얼마나 한심한 인간인지를 입증하는 에피소드가 꼬리에 꼬리를 물고 떠오른다. 타인에게 상처를 준 일, 자질구레한 실패, 찌질한 언행, 판단 착오, 우유부단, 무안, 창피…… 그간 살면서 저지른 수많은 잘못이 패배감으로 둔갑하여 명치를 때린다. 자괴감이 200배로 부풀어 오르는 혼돈의 시간이다. 추워. 바닥이 너무 차갑잖아.

최악이다. 하지만 벗어날 수 있다. 지난 40년간 종종 겪은 상황이 아니던가. 극단적 자괴감은 특정 호르몬이 과다 분비된 탓이다. (근거 없는 확신.) 이런 감정 상태를 상쇄할 수 있는 착한 호르몬(이름은 모름. 아드레날린? 뭐, 그런 종류겠지)을 방출할 필요가 있다. 염분과 당분을 섭취해서 착한 호르몬을 유인하자. (과학자의 동생이라는 형제 관계를 초월한 극강의 무식함.) 며칠 전에 아이들 먹으라고 사다 놓은 프링글스를 슬쩍 꺼내 먹는다. 설탕 덩어리 양갱도 하나 깐다. 그리고 앞서 발동한 무의식 행동 절차를 따라 노트북을 켜고 이메일과 웹툰, 페이스북을 재차 순방한다. 두통은 여전하지만, 착한 호르몬 덕분인지 기분은 한결 나아졌다. 그러자, 이번에는 단짠 식품을 과다 섭취했다는 자괴감이 몰려온다. 한심한 녀석. 이렇게 절제하지 못하다간 비만과 고혈압에 시달리게 될 거야. 좋을 대로 먹지도 못하는 더러운 세상. 진퇴양난이다.

18:00 하늘은 밝지도 깜깜하지도 않은 중립적 빛깔로 변했다. 거실이 어둑해서 형광등을 켰으나 밝아진 기색이 없다. 일사량과 형광등 조도가 정확히 일치하는 애매한 시간이다. 잠시 외출했던 아내와 아이들이 돌아왔다. 그들은 피폐한 나를 목격하고도 동요가 없다. 그래. 잘했다. 이런 인간 쓰레기에게는 관심 두지 않는 편이 좋다. 어제 새벽까지 게임을 했다느니, 그래서 낮잠을 너무 길게 잤다느니 하며 쓸데없는 설명을 늘어놓는다. 형식적으로는 아내에게 말한 듯해도 사실은 독백이나 마찬가지다. 온종일 무엇을 했냐며 자책하는 나 자신을 향한 궁색한 변명. 아내는 귀찮았는지 한마디 툭 던진다. "얼굴이 썩었네."

18:30 압력밥솥에서 증기가 새어 나온다. 〈1박 2일〉 진행자들의 행복한 괴성이 저 먼 어딘가에서 쟁쟁거린다. 따뜻한 밥과 시금치를 입에 넣자 기분이 한결 나아졌다. 호르몬이 균형을 찾은 덕분이다. 소가 여물을 씹듯이 밥알 하나하나를 이빨로 느끼며, 모처럼 한가했던 일요일 하루를 되새겼다. 종일 일어난 사건을 요약하자면: 온 힘을 다해 컨디션을 무너뜨리고, 진흙탕처럼 미끈미끈한 패배의식을 스스로 뒤집어쓴 다음, 그 가증스러운 자기연민을 떨치려 갖은 고사를 지낸 일이 전부다. 그 뒤에 남은 건 썩은 얼굴과 애수에 젖은 휴일의 땅거미.

'황금 같은 휴일'이라 부르며 산으로 들로 놀러 가는 그런 스페셜한 하루는 아니었다. 평소에 놀아본 사람이 놀 줄 안다고, 이렇게 지리멸렬하게 휴일을 소모한 나 자신이 밉다. 그런데 잠깐만요. 내일이 월요일이라고? 아니, 이런. 내일까지 완성해야 할 회의 자료가 생각났다. 하지만 지금 나의 뇌는 물에 절은 휴지 뭉치 마냥 구질구질하고 흐물흐물해서 어떤 일도 의욕적으로 시작할 수 없는 상태다. 일단 드러누워서 〈1박 2일〉을 시청하자. 김준호의 얍삽한 연기를 보고 웃으면 기분이 좀 나아질 거야. 그리고 다소 진지한 느낌으로 〈8시 뉴스〉도 본다. 그다음은 개그콘서트……. 아, 몰라. 어떻게든 되겠지.

HOLY HOLY day

홀리홀리 홀리데이

닥터 베로 김형규의 코믹 프리즘

사람의 마음이라는 것이 일하면 놀고 싶고, 서면 앉고 싶고, 앉으면 눕고 싶고, 누우면 자고 싶은 것 아니겠습니까? 게다가 일을 하고 있는 분들이라면 언제나 호시탐탐 휴일이나 휴가를 꿈꾸실 듯합니다. '휴일'에 관한 프리즘Prism을 담아보았습니다.

글 **김형규** 일러스트 **전안수**

이번 달 주제가 홀리데이라는 메시지를 전달받았습니다. 한동안 멍하니 스마트폰에 찍힌 글자들을 바라보았습니다. 그러니까 이번 달 주제가 뭐라고요? 홀리데이. 주제를 접한 제 마음속에서는 이런 외침이 울려 퍼졌습니다. '뭐라고? 무어라고? 이번 달 주제가 홀리데이라고? 이런 홀리*! Holy sh*t! 왜 주제가 홀리데이인 거지? 도대체 무슨 의미로 홀리데이인 거야! 휴가? 방학? 공휴일? 휴일? 명절? 홀리데이? 빌리 홀리데이? 워킹 홀리데이? 홀리홀리? 크리스마스? 추수감사절? 스콜피언스의 홀리데이? 유전무죄 무전유죄? 최민수 아저씨? 금니? 마돈나의 홀리데이? 아아 모르겠어. 당최 홀리데이가 왜 홀리데이인지 모르겠어! 물론 홀리데이는 홀리Holy한 날Day을 말하는 것이겠지만, 출제자의 의도를 전혀 모르겠다! 이런 Holy cow! 홀리데이라니…. 그야말로 허를 찔린 기분이었습니다. 어떤 주제가 나와도 척척 글을 쓸 수 있다는 자신감을 가진 저였습니다. 어떤 주제라도 관련된 만화를 적어도 5개 이상 떠올리는 저였습니다만, 이번 주제를 접하고서는 왠지 단번에 떠오르는 작품이 하나도 없었다고 고백합니다. 출제자의 의도가 여러 가지로 해석되는 문제의 경우, 다양한 접근과 답이 가능하기에 마음을 편하게 먹고 홀리데이와 연상이 되는 만화들을 이야기해보겠습니다.

먼저 홀리데이의 의미부터 생각해볼까요. 홀리데이는 성스러운 인물의 탄생을 기념하는 날이죠. 성스러운 날을 기념하기 위해 일하지 않고 쉽니다. 매일매일 바쁜 업무 속에서 하루하루를 보내는 학생이나 직장인은 손꼽아 홀리데이를 기다립니다. '일을 하지 않고 쉬거나 논다.'는 매력. 사람의 마음이라는 것이 일하면 놀고 싶고, 서면 앉고 싶고, 앉으면 눕고 싶고, 누우면 자고 싶은 것 아니겠습니까? 게다가 일을 하고 있는 분들이라면 언제나 호시탐탐 휴일이나 휴가를 꿈꾸실 듯합니다. 휴일이나 휴가가 빛을 발하는 것은 일하는 중간중간 보석처럼 찾아오기 때문입니다. 만일 1년 365일 일은 안 하고 놀기만 한다면 휴가나 휴일의 의미가 퇴색되고 말겠죠. 오늘 먼저 이야기 나눌 만화는 이런 성스러운 휴일을 우리에게 선물한 두 성인이 주인공인 만화입니다.

만화 《세인트 영맨》의 주인공은 무려 예수님과 부처님입니다. 부처님과 예수님입니다. 그야말로 홀리데이의 주인공이죠. 홀리한 성인. 세계적인 슈퍼스타가 계시기에 홀리데이가 존재하고 우리가 쉬거나 여행을 떠나거나 놀 수 있는 겁니다. 나카무라 히카루 작가가 2007년부터 연재 중인 만화인데요, 세기말이 끝나고 천상에서 눈코 뜰 새 없이 바쁜 업무를 마무리한 예수님과 부처님이 지상으로 휴가를 내려온다는 설정입니다. 홀리한 성인들의 홀리데이라니 정말 재미있는 설정이지요 으헛헛헛. 예수님과 부처님이 천상계에서의 모든 편리함과 전지전능함을 포기하시고, 일본 도쿄 다치카와구의 목욕탕이 없고 동물 사육을 할 수 없는 싼 아파트에서 여름휴가 공동생활을 합니다. 엉뚱하죠? 기발하고 엉뚱한 일상개그물입니다. 매회 일어나는 에피소드는 조금 더 엉뚱합니다. 슈퍼마켓에서 장을 보다가 여고생들에게 조니 뎁을 닮았다는 이야기를 듣고 기분이 좋아져서 영화 잡지를 사는 예수님이나, 놀이기구가 무서워 불경을 외우며 놀이기구를 타다 열반에 오르는 부처님, 또 물 위를 걸을 수 있지만 수영은 무서워하는 예수님 이야기가 나옵니다. 머리를 물 가까이 대면 수영장 물이 바닥까지 쩍 갈라집니다. 마치 홍해 바다가 갈라지는 것처럼 말이지요. 할렐루야.

'신을 인간 수준으로 끌어내려 표현하는' 만화이기에 내용을 원론적으로 따지거나 엄격한 시선으로 바라본다면 신성 모독의 범주에 들어간다고 할 수도 있겠습니다. 그렇기에 '우리나라 정식 발매가 힘들지 않을까?' 생각했었는데요, 다행하게도 예수님과 부처님의 부드럽고 편안한 유머를 재미있게 즐길 수 있는 개그만화이기 때문에 해당 종교를 믿는 분들도 크게 불편하지 않게 만화책을 읽을 수 있습니다. 휴일에 일을 멈추고 어딘가로 떠나고 싶은 마음은 남녀노소, 성인聖人과 일반인 모두 같구나, 하는 동질감을 느끼게 해줍니다. 만화이기 때문에 존재할 수 있는 두 울트라어메이징 슈퍼스타의 공동생활. 홀리 슈퍼스타의 홀리데이가 궁금하신 분에게 강력 추천드립니다. 이 작품은 2013년 애니메이션으로도 만들어졌습니다.

다음에 소개하는 만화는 《폭두백수 타나카》입니다. 제목에서 알 수 있듯이 1년 365일을 모두 휴일처럼 팡팡 놀면서 보내고 있는 아프로 파마머리 타나카가 주인공인 만화입니다. 위에서도 언급한 것처럼, 휴일이나 휴식, 홀리데이는 끝이 존재하기에 더 소중합니다. 계속 아무 일도 하지 않고 시간을 보낸다면 일 하는 중간의 꿀 같은 휴식의 맛을 알 수가 없겠죠. 이 만화는 주인공 타나카의 성장을 보여주는 성장개그만화입니다. 폭두고딩 타나카, 폭두백수 타나카, 폭두직딩 타나카, 폭두방랑 타나카, 행복아프로 타나카라는 주인공이 고등학교를 다니다 자퇴하고 백수가 되어 사회에 나갔다가 직장을 잡고 살아가다 어떤 계기로 일본 전국을 방랑하는 내용이 단행본 10권씩을 단위로 전개됩니다. 개그만화지만 주인공이 독자들과 함께 실시간으로 성장하며, 평범한 고등학생들의 망상, 사소한 일에 대한 집착과 고민, 찌질한 행동과 자괴감, 사회의 냉혹함과 젊음의 좌절을 현실적으로 풀어낸 수작입니다. 남성 캐릭터가 주인공이기에 잘못된 성적인 욕망에 대한 방황을 담고 있는 부분이 있고, 남성 중심의 개그가 많은 단점이 있습니다. 하지만 이성을 향한 잘못된 환상을 가지고 있던 고등학생들이 현실적으로 이성을 대하며 충돌하고 상처받고 사과하고 성장해가는 내용이 담겨있습니다.

홀리데이 이야기를 하면서 폭두백수 타나카를 소개하는 이유는, 이 만화를 보게 되면 타산지석으로 타나카처럼 귀차니즘에 빠져 살면 안 되겠다는 생각과 함께, 평소 우리의 일상이 얼마나 소중하고 하루하루 즐거운지 알게 되기 때문입니다. 폭두백수 타나카 편에서 타나카는 귀차니즘의 절정을 보여줍니다. 고등학교를 다니다가 귀찮다는 이유로 자퇴를 하지만, 또 귀찮다는 이유로 직장을 구하지 않습니다. 《폭두백수 타나카》 1권에서 타나카는 자기 방 안에서 천장을 바라보며 뒹굴뒹굴하다가 이런 명언을 곱씹고 혼자 고민에 빠집니다.

"인생은 다음 두 가지로 성립된다. 하고 싶지만 할 수 없다. 할 수 있지만 하고 싶지 않다."

- 괴테

'나 매일 이렇게 살아도 되는 걸까? 아무 목적도 없이, 아무 행동도 안 하고, 그저 숨 쉬고 밥 먹고, X만 누는….' 이런 타나카에게 휴일이 즐거울 리가 없습니다. 홀리데이의 소중함을 알 리가 없죠. 일상에 지쳐 휴일과 휴식을 꿈꾸시는 분들. 떠나십시오. 쉬십시오. 여러분들은 휴일의 즐거움을 즐기고 느끼실 수 있습니다. 얼마나 다행인가요! 타나카도 요즘 연재에서는 행복아프로 타나카가 되었습니다. 타나카의 성장이 궁금하신 분들은 연휴나 휴일에 시간을 내서서 그를 만나보셔도 좋을 듯합니다. 우리는 휴일이 있기에 살아갈 수 있습니다. 바쁜 업무에 시달리는 분들, 지금은 일 때문에 정신 없으시겠지만 조만간 찾아올 보석과도 같은 휴식을 생각하시면서 힘내시길 바랍니다. 여러분이 좋아하는 곳에 가서 맛있는 음식을 먹고 원하는 일을 하는 것. 아 상상만으로도 힘이 납니다. 모든 힘든 일은 다 지나갑니다. 조만간 다가올 휴일에 훌쩍 기차를 타고 여행을 떠나시는 것은 어떨까요? 그러고 보니 기차 여행 하면 뭐니 뭐니 해도 은하철도 999를 타고 은하수를 누비는 우주 여행을 빼놓을 수 없겠네요. 뭐죠, 이 엉뚱한 전개는…. 으헛헛! 2007년 연재가 중단되었던 마츠모토 레이지 선생님의 《은하철도 999》가 11년 만에 다시 《드림블랙홀》이라는 제목으로 연재가 재개되었다는 소식이 들리는군요. 이렇게 기쁠 수가! "기차가 어둠을 헤치고 은하수를 건너면, 우주 정거장에 햇빛이 쏟아지네." 캬. 다음 휴일에는 《은하철도 999》를 정주행하면서 신간이 나오길 기대해야겠습니다. 긴 휴식을 마치고 '끝없는 여행의 시작'에 나선 철이와 메텔이 어떤 모습으로 우리에게 돌아올지 너무나도 반갑습니다. 두근거리는 마음으로 글을 마칩니다. LOVE & PEACE, 엉뚱 & PEACE.

닥터 베로를 찾아온
손님 목록

세인트 영맨

나카무라 히카루 | 시리얼

깨달음을 얻은 사람 붓다. 하느님의 아들 예수. 세기말을 무사히 넘긴 두 사람은 도쿄 다치카와에 공동으로 아파트를 빌려 여름휴가를 보내고 있다. 동네 아줌마처럼 잔돈 하나까지 챙기며 알뜰살뜰 생활하는 붓다, 충동구매를 좋아하고 여고생들에게 "조니 뎁 닮았다"는 말을 듣고 기뻐하는 예수의 기상천외하고 즐거운 이야기가 펼쳐진다.

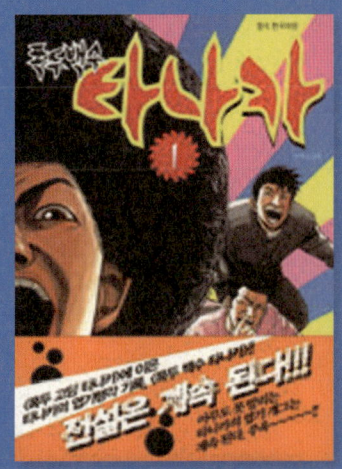

폭두 백수 타나카

노리츠케 마사하루 | 대원씨아이

막무가내 엉뚱한 타나카. 아무도 말릴 수 없는 그의 엽기적인 개그는 앞으로도 계속될 것이다. 떳떳하게 백수가 되고 싶던 그는 친구들과 대소동을 일으키곤 한다. 아주 작고 사소한 웃음 유발 에피소드부터 호대형 사고까지. 단순한 호기심으로 시작한 일은 언제나 커다란 사고가 되어 돌아온다. 결코 호락호락하지 않은 그의 인생을 보여준다.

Seoul International Handmade Fair 2018

서울
국제핸드메이드
페어
2018

리폼
Reform

동대문디자인플라자
DDP 알림터
5.24(목)—27(일)
11:00—19:00

서울국제핸드메이드페어
Seoul Int'l Handmade Fair 2018

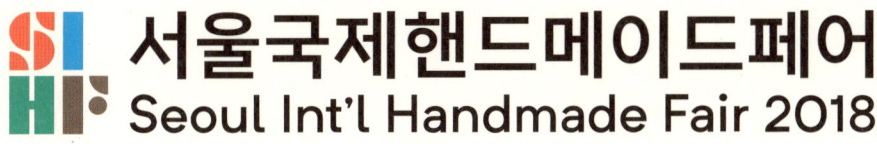

서울국제핸드메이드페어사무국
02.333.0317
info@seoulhandmadefair.co.kr
www.seoulhandmadefair.co.kr

입장권 할인

4월 2일까지 SIHF2018 입장권 예매 시
40% 할인 (6,000원)

입장권 예매
www.seoulhandmadefair.co.kr

SIHF2018
전시구성

생활관
350여 팀의 창의적인
핸드메이드 주체들과의 만남

국제관
17개국 이상 세계의
창작자와의 만남

이벤트관
창작공방, 공연, 이벤트 등
핸드메이드 놀이터

서울핸드메이드포럼
핸드메이드 이슈와
담론이 만나는 장

SIHF 페이스북

지금 SIHF 공식 페이스북을 팔로우하고
초대권 이벤트 등 다양한 이벤트와 소식 받아보세요.
www.facebook.com/wehandmadefair

후원 문화체육관광부, 산업통상자원부, 서울문화재단, 한국공예디자인문화진흥원, 한국사회적기업진흥원, 네이버리빙윈도
협력 함께일하는재단, 빅이슈코리아, 어라운드매거진
주최 사회적기업 일상예술창작센터, 서울디자인재단

HELLO, PEERS!

서울, 모던타임즈
한영수 | 한스그라픽

사진가 한영수의 사진을 좋아한다. 익숙한 곳에서 발견한 낯섦이 두 배는 더 충격적이다. "여기가 서울이에요?"라고 당신도 묻게 될 테다. 1950~1960년대 서울의 '모던뽀이'와 '모던껄'을 담은 흑백 사진은 마치 영화 속 한 장면처럼 근사하다.

H. hanyoungsoo.tistory.com

며느라기
수신지 | 귤프레스

평범한 직장인 민사린은 역시나 평범한 직장인 무구영을 만나 평범한 시댁에서 평범한 며느리로 살아간다. 하지만 돌이켜 보면 어느 것 하나 평범한 것이 없고, 어쩐지 불편한 기색을 감추기가 어렵다. "내가 나를 지키지 못한 순간들이 자꾸자꾸 떠오르는 걸. 어떡하지?"

H. instagram.com/sooshinji

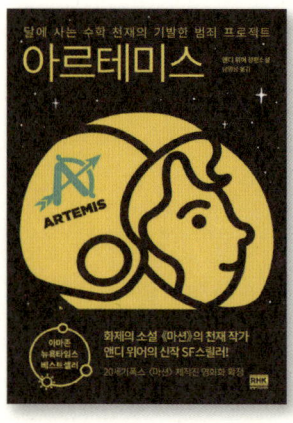

아르테미스
앤디 위어 | 알에이치코리아

《마션》의 저자 앤디 위어가 선보이는 SF 누아르 서스펜스 스릴러 소설이다. 달에 사는 한 천재 소녀는 하루하루 집세를 감당하기도 벅찼다. 그녀에게 신조가 있다면 돈 되는 일은 뭐든 다 하는 것. 그러던 어느 날 어느 날 인생 역전의 기회가 생기고 기발한 범죄 프로젝트를 진행한다.

H. ebook.rhk.co.kr

그해, 여름 손님
안드레 애치먼 | 도서출판 잔

영화 〈콜 미 바이 유어 네임〉의 원작 소설이다. 피아노 연주와 책이 삶의 전부인 열일곱 살 소년과 스물넷의 미국인 철학 교수 올리버. 두 남자의 사랑을 섬세하고 다정하게, 그리고 깊이 표현했다. 도저히 멈출 수 없는, 외면할 수 없는 그해 여름 손님에 대한 이야기다.

H. instagram.com/zhanpublishing

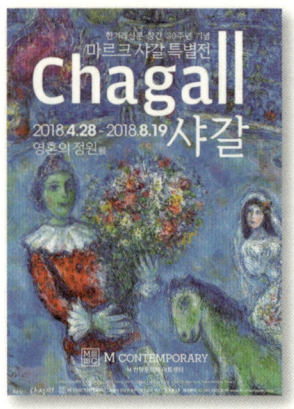

마르크 샤갈 특별전 영혼의 정원
M컨템포러리 아트센터

마르크 샤갈의 사랑과 인생을 상징하는 작품으로 구성되어 마르크 샤갈의 시각 예술과 다채로운 스타일을 선보인다. 마치 꿈 속처럼 모든 것이 가능하고, 마술 같고, 끊임 없이 상상하게 되는 이야기를 느끼게 된다. 그림을 통하여 그와 끝없는 대화를 나눌 수 있다.

A. 서울시 강남구 봉은사로 120 1F
H. m-contemporary.com
O. 2018년 4월 28일~ 8월 19일

예술가의 정원:
The Artist's Garden
닷미술관

누군가의 비밀이 내밀하게 숨겨진 공간을 상상하는 것은 또 다른 재미가 된다. 예술가에게 정원이란 어떤 의미인가, 라는 질문에서 시작한 이번 전시는 예술가와 정원에 대한 인문학적 깊이와 해석을 더한다. 정원에서 자라고 있는 것은 과연 무엇이었을까.

A. 광주시 초월읍 진새골길 184
H. datzmuseum.org
O. 2018년 5월 27일까지

내셔널지오그래픽 특별전
용산전쟁기념관

이제껏 보지 못한 《내셔널지오그래픽》의 포토 아크Photo Ark 특별전이 아시아 최초로 진행 된다. '동물을 위한 방주'라는 의미의 포토 아크는 지구의 생물 다양성을 공유하고 동물 보호의 중요성을 보여 준다. 함께 살아가는 일의 의미를 되새기는 시간이다.

A. 서울시 용산구 이태원로 29 전쟁기념관
H. ngphotoark.modoo.at
O. 2018년 5월 27일까지

사물함
국립극단

같은 반 다은이의 갑작스러운 죽음으로 남은 세 친구는 기울어진 일상을 견디기 위해 고군분투한다. 어디선가 알 수 없는 냄새가 풍겨오고, 아이들은 결국 우리의 얼굴이 되고 이야기가 된다. 그 냄새를 어디서 어떻게 지울 수 있을까? 과연 지울 수는 있는 것일까?

A. 서울시 용산구 청파로 373
H. ntck.or.kr
O. 2018년 4월 20일~5월 6일

Q30

새로움에 도전하는 라이프
그 시작을 위한 프리미엄

[BORN TO CHALLENGE]

스타일리시하고 역동적인 삶에 끊임없이 도전하는 당신의 라이프,
그것이 인피니티 최초의 프리미엄 준중형 크로스오버, Q30이 출시된 이유이다
독창적인 유선형의 디자인과 최고출력 211마력의 강력한 드라이빙
여유로운 적재공간까지, Q30은 도전하는 삶을 위한 모든 것을 타고났다

INFINITI
EMPOWER THE DRIVE

시간 여행자의 1시간

지금은 2238년. 고도로 발달한 과학 덕분에 우리는 1시간, 시간과 공간을 초월해 어디로든 여행을 떠날 수 있습니다. 당신이 여행을 떠난 곳은 어디인가요?

아홉 살 | 발행인 송원준

아홉 살 때 서해안으로 여행을 갔었는데, 아버지가 그때 세상 끝까지 가보자고 했던 기억이 난다. 버스를 타고 3시간을 달리자 길이 끝나고 바다가 나왔다. 미지의 세계에 온 것처럼 너무 신기했다. 세상 끝에서 배를 기다리던 그때 그 여행을 다시 해보고 싶다. 아, 나중에 알고 보니 거긴 안면도였다.

미술학원 마지막 날 | 편집장 김이경

대학생 때 방학 동안 미술학원에서 아이들을 가르친 적이 있다. 유치원 아이들이었는데, 두 달 정도 함께하고 마지막 인사를 나눌 때 한 꼬마가 나에게 편지를 건네줬다. 자기 집 전화번호를 적은 편지였다. 눈물을 글썽이며 꼭 연락하라고, 다시 만나면 나에게 줄 것이 있다고 말했다. 그 이후 전화를 하지는 못했지만, 가끔 그 아이가 생각난다. 다시 만나면 나에게 주려던 게 뭐였을까? 시간을 돌이킨다면 우리는 만났을까?

2012년 프랑스 파리 | 마케터 조수진

계획한 여행을 모두 포기하고 릴로 다시 돌아갈까 말까를 수백 번 고민하던 2012년 5월의 그 순간으로 돌아가겠다. 돌아간다면 그 즉시 릴로 가는 기차표를 사야지.

1961년 영국 리버풀 | 마케터 최현희

1961년, 영국 리버풀에 위치한 캐번 클럽. 그곳에 들어가 풋풋한 비틀즈의 라이브를 듣고 싶다. 시원한 맥주 한잔과 함께 하는 음악은 그 어떤 것으로도 위로받지 못한 마음을 녹일 것만 같다.

언젠가는 | 경영지원 양유진

상상하고 싶지 않지만 언젠가는 부모님과 헤어져야 할 때가 오리란 걸 안다. 갈 수 있다면 아직 오지 않은 그때로 가서 오롯이 사랑만 하는 한 시간을 꽉 채워 보내고 싶다. 그때의 내가 이미 그러고 있다면 참 다행이겠지만.

그리고 아무도 없었다 | 에디터 김건태

살아보니 삶은 그 자체로 고난입니다. 저는 태어나지 않기 위해 부모님이 서로를 만나기 직전으로 돌아가겠습니다. 사라져버리겠습니다. 아, 이런 중2병.

2010년 4월의 어느 날 | 에디터 정혜미

지금까지로는 가장 행복했던 시절이다. 모든 것이 빛났다. 나도, 날씨도, 주변 사람들도. 4월의 어느 날 그 누군가와 공원을 걸으며 대화를 하던 가장 맑은 웃음을 짓던 나로 돌아가고 싶다. 무언가를 바꾼다기보다 그냥 그때를 다시 느껴보고 싶다.

별이 빛나는 밤 | 에디터 김혜원

빈센트 반 고흐의 〈별이 빛나는 밤〉 속 순간으로 가고 싶다. 〈별이 빛나는 밤〉은 반 고흐가 요양원 창문으로 내다보이는 밤하늘을 그린 것이라고 한다. 나는 그가 요양원으로 떠나기 전 그의 생애 가장 아름다운 밤에 찾아갈 거다. 그리고 조용히 눈인사를 건네고 와야지.

1989년 8월 25일 오전 10시 30분 길병원 | 에디터 이자연

뜨거운 여름 내가 태어났다. 엄마 뱃속에서 열무 냉면만 죽어라 찾았다던 바로 내가 여름둥이로 세상에 등장한 것이다(차란!). 곱슬머리에 있는 듯 없는 듯한 쌍꺼풀, 울듯 땅으로 꺼진 입매와 음치 등등 분명히 만선 씨와 순이 씨 사이에서 태어난 둘째 딸이었다. 아뿔싸, 둘째 딸이라고? 정말 억울하다. 맏딸 이호연은 나보다 먼저 태어났다는 이유로 첫째의 모든 특권을 가져가 버렸다. 시간 여행을 갈 수 있다면 내가 태어난 그날로 돌아가 스물네 살의 순이 씨에게 말할 거다. 당당하고 얄미운 목소리로! "어머. 첫째보다 둘째 인물이 훨씬 낫네. 심지어 순해 보이는데? 얘는 알아서 크겠네, 알아서 크겠어!"

2017년 여름 우도 | 디자이너 윤원정

2017 여름, 날이 좋았던 제주도 여행 중에서도 우도에 갔던 기억이 문득 떠오른다. 반짝이던 햇살과 바닥이 보일 만큼 맑고 시원했던 바다. 내가 저 먼 미래에도 살아있다면, 아마 이 기억은 흐릿해져 있겠지…. 문득 바다 위에 둥둥 떠서 하늘을 바라봤을 때로 돌아가서 그 기분을 느끼고 싶다.

비트코인 상승 전 | 디자이너 최인애

비트코인 상승하기 1시간 전으로 가서 내 적금 다 투자해서 돈 벌기! 번 돈으로 학자금 다 갚을 거다.

다자이후로 가는 열차 안 | 디자이너 전안수

스물두 살 때 친구들과 함께 갔던 일본 여행. 다자이후로 가는 열차에서 내 앞에 앉아 있던 박보영을 닮은 일본인과 자꾸만 눈이 마주쳤다. 소심한 나는 번호나 이름도 물어보지 못했다. 아직도 그게 아쉽다. 다시 그때로 돌아가서 나에게 한 시간이 있는데, 당신과 다자이후에서 데이트하고 싶다고 말할 것이다.

제주특별자치도 서귀포시 성산읍 동류암로 20   064) 766-3000

NOT JUST A HOTEL

Playce

CAMP JEJU

마음껏 웃고 맛있게 먹고 활기차게 걷고
음악을 즐기며 전혀 새로운 사람을 사귀는 공간
그리고 온전히 당신 자신일 수 있는 곳

PLAYCEGROUP.COM

봄 그리고

플레이스캠프제주

스탠다드 객실
경제성을 높인 취향저격 객실

스위트 특별 가격
플레이스의 비밀스러운 럭셔리 객실

봄봄 패키지
봄처럼 반가운 혜택만을 골라 담은 패키지

정기구독 안내
어라운드는 월간지로 발행됩니다.
정기구독 신청자에게는 할인 혜택과 함께
매달 배지를 선물로 드립니다.

1년 정기구독 총 11권(7·8월 합본호)
148,500원(10%할인)
aroundstore.kr

광고문의 ad@a-round.kr | 070 8650 6378
구독문의 magazine@a-round.kr | 070 8650 6375
기타문의 around@a-round.kr | 02 6404 5030
어라운드빌리지 around@a-round.kr | 070 8638 6214

MAGAZINE a-round.kr
STORE aroundstore.kr
INSTAGRAM instagram.com/aroundmagazine
          instagram.com/aroundmagazine.eng
FACEBOOK facebook.com/around.play
FILM vimeo.com/around